新时代大学生劳动观培养研究

李文俊 著

中国纺织出版社有限公司

图书在版编目（CIP）数据

新时代大学生劳动观培养研究/李文俊著. -- 北京：中国纺织出版社有限公司，2024.1
ISBN 978-7-5229-1404-6

Ⅰ.①新… Ⅱ.①李… Ⅲ.①大学生-劳动教育-研究-中国 Ⅳ.①G40-015

中国国家版本馆CIP数据核字（2024）第036513号

责任编辑：张 宏　责任校对：高 涵　责任印制：储志伟

中国纺织出版社有限公司出版发行
地址：北京市朝阳区百子湾东里A407号楼　邮政编码：100124
销售电话：010—67004422　传真：010—87155801
http://www.c-textilep.com
中国纺织出版社天猫旗舰店
官方微博 http://weibo.com/2119887771
三河市宏盛印务有限公司印刷　各地新华书店经销
2024年1月第1版第1次印刷
开本：787×1092　1/16　印张：8.75
字数：175千字　定价：98.00元

凡购本书，如有缺页、倒页、脱页，由本社图书营销中心调换

前　言

　　大学生是中国特色社会主义现代化建设的未来和希望，实现中华民族伟大复兴，需要大学生辛勤劳动、诚实劳动、创造性劳动。党的二十大报告指出，"青年强，则国家强"。大学生劳动观正确与否直接决定了大学生对待学习、对待生活、对待工作的态度，影响着大学生的劳动实践，进而影响整个社会主义现代化建设。教育和引导大学生树立新时代劳动观，既有利于大学生自由而全面地发展，也有利于大学生肩负起中国特色社会主义现代化建设的使命担当。因此，加强大学生劳动观培养，不仅是思想政治教育工作的需要，同时也是建设社会主义现代化强国，实现中华民族伟大复兴的必然要求。为增强新时代大学生劳动观培养的针对性和实效性，提升新时代大学生劳动观培养的科学化水平，本书以新时代为背景，以大学生劳动观存在的问题为导向，注重理论与实践的结合开展研究，着力回应当代大学生劳动观培养的现实问题。

　　本书主要内容如下：

　　第一，对新时代大学生劳动观培养的相关概念进行了界定。该部分在阐释劳动、劳动观、新时代劳动观和新时代大学生劳动观培养概念的基础上，重点阐述了大学生劳动观培养的时代意义，即有利于实现中华民族伟大复兴，有利于培养担当民族复兴大任的时代新人，有利于大学生形成奋斗幸福观。

　　第二，对新时代大学生劳动观培养的理论基础及思想来源进行了深入挖掘。该部分梳理了马克思主义的劳动思想，包括劳动对人和人类社会的历史作用，以及教育与生产劳动相结合的劳动观培养理论基础；阐明了马克思主义中国化理论成果中的劳动思想，包括"成为有社会主义觉悟的有文化的劳动者"的思想，"科学技术是第一生产力"的思想，"四个尊重"的方针，"以辛勤劳动为荣，以好逸恶劳为耻"的劳动荣辱观，"四个最"的劳动价值观；归纳了中华优秀传统文化关于劳动的思想，包括"人生在勤，不索何获"的勤劳风尚，"宁俭勿奢"的节俭美德，"天行健，君子以自强不息"的奋斗精神，"夙夜在公"的奉献品质。

　　第三，运用实证调查方法对新时代大学生劳动观现状进行了分析。调查表明，新时代大学生劳动观的主流是积极向上的。但同时也存在诸如劳动价值认知趋向功利化、劳动态度倾向消极化、艰苦奋斗及创新的劳动精神缺失、诚信和生态劳动理念欠缺等问题。导致当代大学生劳动观产生问题的原因主要有：高校忽视大学生劳动观培养、家庭劳动教育普遍缺失、受到社会不公正劳动分配现象的影响。

  第四，明确了新时代大学生劳动观培养的目标、原则与内容。在明确新时代大学生劳动观培养内涵的基础上，本部分对新时代大学生劳动观培养的目标进行了具体阐述。为使大学生形成马克思主义的劳动认知，热爱劳动的情感，"勤俭、奋斗、创新、奉献"的劳动精神，诚实、守法、生态的劳动信念，最终积极投身劳动实践并养成良好的劳动习惯，大学生劳动观培养应坚持以学生为主体的原则、劳动理论教育和劳动实践相结合的原则、传承与创新相结合的原则、普遍性和特殊性相结合的原则。大学生劳动观培养的基本内容应为马克思主义劳动基本理论教育、中华优秀传统文化中的劳动思想教育、劳模精神教育、创新创业教育、劳动法律法规教育、生态劳动理念教育。

  第五，提出了新时代大学生劳动观培养的对策。一是坚持发挥课堂理论教学的主渠道作用。发挥劳动理论课在劳动观培养中的核心作用，发挥思想政治理论课在劳动观培养中的作用，挖掘专业课程的劳动观培养资源，增强就业、创业课程的劳动观培养功能。二是重视以劳动实践教育助推大学生劳动观培养。创新劳动实践教学，积极开展日常生活劳动实践教育，注重生产劳动实践教育，拓展服务性劳动实践教育。三是营造崇尚劳动的文化氛围。形成劳动光荣的社会文化环境，打造崇尚劳动的网络文化环境，优化校园劳动文化环境，创设良好的家庭劳动文化环境。四是完善劳动观培养的制度保障。确立劳动观培养的物质保障机制，健全劳动观培养的高校管理制度，完善协同育人的劳动观培养机制。

  总之，本书力求通过深入、系统的研究解决新时代大学生劳动观培养中存在的问题，为提高大学生劳动观培养的针对性和实效性提供借鉴。

  本书的撰写得到辽宁省社会科学规划基金项目"新时代大学生劳动观培养研究"（L22BKS001）资助。

李文俊
2023 年 8 月

目　　录

1 绪　　论 ………………………………………………………………… 1
　1.1 新时代大学生劳动观的研究目的及意义 ……………………………… 1
　1.2 国内外研究现状 ………………………………………………………… 4
　1.3 本书的研究方法 ………………………………………………………… 19
　1.4 本书的创新点 …………………………………………………………… 20

2 新时代大学生劳动观培养的相关概念界定 …………………………… 23
　2.1 劳动的内涵 ……………………………………………………………… 23
　2.2 新时代大学生劳动观培养的界定 ……………………………………… 28
　2.3 大学生劳动观培养的时代价值 ………………………………………… 31

3 新时代大学生劳动观培养的理论基础及思想来源 …………………… 39
　3.1 马克思主义的劳动思想 ………………………………………………… 39
　3.2 中华优秀传统文化关于劳动的思想 …………………………………… 43

4 新时代大学生劳动观现状分析 ………………………………………… 49
　4.1 新时代大学生劳动观的主流积极向上 ………………………………… 49
　4.2 新时代大学生劳动观存在的问题 ……………………………………… 64
　4.3 新时代大学生劳动观存在问题的原因分析 …………………………… 69

5 新时代大学生劳动观培养的目标、原则与内容 ……………………… 79
　5.1 大学生劳动观培养的目标 ……………………………………………… 79
　5.2 新时代大学生劳动观培养的原则 ……………………………………… 84
　5.3 新时代大学生劳动观培养的内容 ……………………………………… 89

6 新时代大学生劳动观培养的对策 ……………………………………… 99
　6.1 发挥课堂理论教学的主渠道作用 ……………………………………… 99
　6.2 以劳动实践教育助推大学生劳动观培养 ……………………………… 104
　6.3 营造崇尚劳动的文化氛围 ……………………………………………… 109
　6.4 完善劳动观培养的制度保障 …………………………………………… 114

结束语 ………………………………………………………………………… 119

参考文献 ………………………………………………………………………… 121

附　　录 ………………………………………………………………………… 127

  附录一　新时代大学生劳动观培养调查问卷 ……………………………… 127

  附录二　新时代大学生劳动观培养调查对象基本情况统计表 …………… 130

后　　记 ………………………………………………………………………… 131

1　绪　　论

1.1　新时代大学生劳动观的研究目的及意义

1.1.1　研究目的

当前，中国特色社会主义已经进入新时代。大学生是新时代中国特色社会主义建设的中坚力量，把大学生培养成德智体美劳全面发展的社会主义建设者和接班人，事关中华民族伟大复兴的实现。但是，随着时代的发展，我国社会发展呈现多样性的特点，经济主体的多样性、价值观选择的多样性、文化的多样性等给大学生劳动观造成了巨大的冲击。大学生劳动观出现的问题如果不能很好地解决，不仅影响着大学生个人的发展，也影响着中国特色社会主义事业的发展。因此，在这样的社会背景下，大学生劳动观培养成为了一项紧迫的思想政治教育任务，只有加强大学生劳动观培养，引领大学生正确认识劳动，才能使大学生积极投身到社会主义现代化建设中去。

新时代大学生应当形成马克思主义的劳动观。马克思主义劳动观是马克思主义理论体系的重要组成部分。经过长期的发展，马克思主义已经形成了关于劳动的丰富理论，例如：劳动创造财富、劳动创造了人类历史、劳动是人类生存的基本实践活动方式等。马克思主义劳动观在我国新民主主义革命和社会主义建设时期都起到了重要的作用，特别是改革开放以来取得的巨大成就，无不显示了马克思主义劳动观的强大力量。新时代标志着我国已经进入了全新的发展阶段，劳动作为人类的进步基石，其形式、内容、过程等方面均发生了显著的变化。在新时代新技术兴起的背景下，劳动凸显了知识要素的重要性，劳动的自动化程度越来越高，人工智能将改变人类劳动的方式，劳动范围也不再局限于一个地区、一个国家，而是扩展至全球。为了适应劳动的新变化，新时代大学生劳动观培养必须在坚持马克思主义劳动基本理论的前提下，用发展的马克思主义劳动观武装新时代大学生的头脑，使大学生"牢固树立劳动最光荣、劳动最崇高、劳动最伟大、劳动最美丽"的观念。

大学生劳动观培养可以促使大学生正确认识劳动，体会到劳动的幸福，使劳动成为大学生的内在需要，有助于发挥劳动教育的综合育人价值，实现大学生自由而全面的发展。大学生劳动观培养不仅是个人成长成才的内在要求，也是实现中华民族伟大复兴的需要。中国梦的实现离不开人才，大学生劳动观的培养，有利于营造和谐的劳动氛围，激发大学生的创造性和潜能，能够使大学生更好地理解辛勤劳动、诚实劳动、创造性劳动与实现中国梦的关系，坚定实现中国梦的信心和决心，更好地为建设社会主义现代化强国而奋斗，成为担当民族复兴大任的时代新人。

1.1.2 研究意义

大学生是中国特色社会主义的建设者和接班人，针对大学生劳动观存在的问题开展劳动观培养具有深远的理论意义和现实意义。

1.1.2.1 理论意义

第一，有利于丰富和发展新时代大学生劳动观培养研究的基本理论。社会存在决定社会意识，正确的劳动观有助于大学生形成积极的劳动态度，养成良好的劳动习惯并积极投身到劳动实践中去，为实现中国梦贡献力量。当前，学术界对大学生劳动观培养的研究主要建立在马克思主义的劳动思想基础上，结合中、西方关于劳动的思想，将劳动观阐释为人们对劳动的本质、目的、意义、分工等方面的认识。大学生劳动观教育的研究一般从大学生对劳动的认知、热爱劳动和劳动人民的情感、养成尊重和珍惜劳动成果、形成创新意识的角度开展。本书通过研究马克思主义的劳动思想、马克思主义中国化及中华优秀传统文化中的劳动思想，结合新时代的背景，探讨了新时代大学生劳动观培养的理论基础和思想来源，主要从两个方面对大学生劳动观培养进行了丰富和发展：一是结合马克思主义劳动思想的新发展——习近平总书记关于劳动思想的论述，丰富大学生劳动观的理论来源。二是站在思想政治教育的角度，从知、情、意、信四个角度阐释新时代劳动观的内涵，在此基础上，本书从劳动认知、劳动情感、劳动精神、劳动信念四个维度对大学生劳动观的培养展开了研究。

第二，有利于丰富新时代大学生思想政治教育的内涵。党和国家一直高度重视大学生思想政治教育，大学生思想政治教育是党和国家依据一定的政治思想理念以及道德行为规范对大学进行的有目的、有计划、有组织的教育，使他们的行为符合一定社会和阶级的道德要求。当前高校思想政治教育主要围绕理想信念教育展开，包括思想教育、政治教育、法治教育、心理健康教育等方面内容,其中关于劳动观教育方面的内容相对比较少。劳动观培养有助于大学生更好地理解思想政治教育的内涵及目的,形成正确的世界观、人生观、价值观。另外,新时代大学生思想政治教育也面临着内容更新,马克思主义劳动观理论的发展等问题,新时代大学生劳动观培养研究将丰富大学生思想政治教育内涵。

1.1.2.2 现实意义

第一,有利于落实《关于全面加强新时代大中小学劳动教育的意见》。为全面贯彻党的教育方针,落实全国教育大会精神,2020年3月,中共中央、国务院发布《关于全面加强新时代大中小学劳动教育的意见》,将劳动教育纳入人才培养全过程,贯通大中小学各个阶段,对劳动教育进行了顶层设计与全面部署,并且明确了劳动教育的重点是劳动观教育。2020年7月,教育部印发《大中小学劳动教育指导纲要(试行)》,对大中小学劳动教育做出更为详细的部署及安排。新时代大学生劳动观培养研究对落实《关于全面加强新时代大中小学劳动教育的意见》有积极作用。

第二,有利于大学生全面发展。全面发展即人的全面发展,指的是人在德智体美劳等各方面的和谐发展,而不是片面发展、畸形发展。全面发展是马克思和恩格斯在继承前人研究成果的基础上提出的人的发展理论。马克思指出人的全面发展是人的本质要求,也是人发展的必然结果。当前我国基础教育侧重于智育,从小学开始,升学一直是学校及家长关注的重点,劳动观的教育常常被忽略。随着学生的成长,轻视劳动教育的不良后果逐渐显现,大学生四体不勤、五谷不分的现象十分普遍。大学生经过大学阶段的教育后即将走入社会,最终的目的是成为社会主义劳动者,这一阶段劳动观的形成和确立直接影响着他们的全面发展,而相比于其它方面的教育,劳动观教育的缺失比较严重。2018年9月10日,习近平总书记在全国教育大会上指出:"要努力构建德智体美劳全面培养的教育体系,形成更高水平的人才培养体系。"大学生劳动观培养研究,可以弥补当前大学生"有劳无教""有教无劳"的情况,有利于促进大学生各方面的发展,苏联教育家苏霍姆林斯基曾经指出,"一个人的和谐全面发展、富有教养、精神丰富、道德纯洁——所有这一切,只有当他不仅在智育、德育、美育和体育素养上,而且在劳动素养、劳动创造素养上达到较高阶段时,才能做到。"[1]

第三,有利于端正大学生就业观及实现创新劳动。随着我国高等教育从大众化向普及化过渡,大学毕业生人数逐渐增多,大学生就业难已经成为社会关注的焦点问题。分析大学生就业难问题,究其原因,除了大学毕业生人数众多、就业结构性矛盾外,主要是由于大学生在就业过程中劳动观出现了问题。大学生对社会分工认识不全面,只愿意参与自认为是高价值的社会分工,常常只注重薪酬、劳动强度等硬性标准,忽略了劳动的真正意

---

[1] 苏霍姆林斯基.帕夫雷士中学[M].赵玮,王义巧,紫兴文,等译.北京:教育科学出版社,1983:361.

义，从而影响了他们的就业和择业。虽然，现阶段各高校都开设了大学生就业指导课程，但要从根本上解决大学生就业难的问题，必须加强大学生马克思主义劳动观的培养，从思想上引导大学生形成正确的劳动观念，端正就业态度，积极主动适应社会各行各业的需要，回应新时代对劳动的新要求，克服片面劳动，构建和谐的劳动关系，走向体面劳动，进而实现大学生的全面发展。此外，大学生正确劳动观的培养有助于实现大学生的创新劳动。随着时代的发展，知识经济时代已经来临，面对新的挑战和机遇，创新是提高综合国力，坚定地走中国特色社会主义道路的必然选择。创新劳动是实现创新的途径，马克思虽然没有明确提出创新劳动的概念，但"马克思关于劳动价值的定义，其逻辑包含了两个层次的劳动"[1]，即常规劳动和创新劳动。创新劳动对经济的发展具有巨大的推动作用，将成为未来劳动的发展方向。新时代的大学生是思维最为活跃的群体之一，大学生是否具有创新劳动能力影响着大学生的个人发展，也影响着中国特色社会主义建设。通过开展马克思主义劳动观教育，大学生可以更好地理解创新劳动，通过创新劳动实现个人价值，从而解决时代发展所遇到的挑战。

第四，有利于培养担当民族复兴大任的时代新人。正确的劳动观有助于劳动者发挥创造性，提高劳动生产率，促进社会生产的发展，也有助于形成尊重劳动、崇尚劳动的良好社会风气。新时代大学生劳动观培养关系着未来社会劳动者的劳动态度和劳动信念，也关系着"两个一百年"奋斗目标的实现。大学生劳动观培养有利于培养"有理想、有本领、有担当"的时代新人。大学生劳动观培养可以使大学生树立正确的劳动价值观，积极培育和践行社会主义核心价值观，认清历史发展方向，坚定为共产主义事业奋斗终身的理想信念。同时，大学生劳动观培养有利于大学生形成优良的劳动品质并积极投身到劳动实践中，掌握真本领，成为创新型高素质人才，从而肩负起民族复兴的责任，成为有担当的社会主义劳动者，为中国特色社会主义事业发展贡献自己的力量。

1.2 国内外研究现状

近年来，随着国家对大学生思想政治教育工作的高度重视，大学生劳动观培养日益受到重视，学术界关于大学生劳动观培养的研究成果也逐渐增多。本选题从国内和国外两个方面对研究现状进行了梳理。

1.2.1 国外研究现状

国外关于劳动教育的研究成果丰富，根据选题的需要，对国外劳动教育研究的梳理将

---

[1] 鲁品越."创新劳动"价值与社会生产历史进程——两层次劳动价值创造论[J].哲学研究，2009(7)：5.

分为关于马克思劳动观的研究、劳动教育基本理论研究、大学生劳动教育的研究三个部分内容。需要说明的是，由于国外的研究没有区分劳动教育与劳动观教育这两个概念，国外研究现状统一采用劳动教育的表述。

1.2.1.1 关于马克思劳动观的研究

第一，对劳动地位的研究。劳动在马克思理论体系中具有基础性的地位，是人类历史活动的前提，是唯物史观的出发点，许多学者认为在马克思劳动观中劳动处于本体论的地位。卢卡奇是西方马克思主义的主要创始人，他在《历史与阶级意识》中研究了劳动与实践的关系问题，澄清了劳动与实践的联系和区别。他认为实践的领域比劳动更加宽泛，更加复杂，劳动是真正的实践，因为劳动是实践的原型，如果不以劳动为基础，"过度夸张实践概念可以走向其反面：重新陷入唯心主义的直观之中。"❶在《关于社会存在的本体论》中，卢卡奇把劳动置于核心的地位，构建社会本体论的思想体系。他认为马克思虽从未对本体论做过专门的研究，但他认为马克思"在最终的意义上都是直接关于存在的论述，即它们都纯粹是本体论的。"❷卢卡奇对马克思的《资本论》进行了重点研究，他指出："价值范畴的中心地位是一个本体论的事实，……在作为社会的价值的范畴中立刻展示出社会存在的根本基础，即劳动。"❸关于劳动地位的论述，有西方学者主张劳动本体论的观点，如卢卡奇，也有学者认为马克思过分夸大了劳动的地位，如阿伦特、哈贝马斯。哈贝马斯认同马克思用劳动作为人和动物的区别，赞同用劳动解释人类历史发展过程。他认为，"在实践哲学看来，构成现代性原则的不是自我意识，而是劳动。"❹"解放的实践也就必须从劳动自身当中产生出来。"❺但总体来说，哈贝马斯对马克思劳动观的批判大于赞同，他认为人的行为分为劳动和交往，把劳动看作工具性概念，仅是一种生产性活动，不具有实践的特性。马克思把劳动等同于实践，这是不对的，因为真正具有实践性的只能是交往，只有在交往活动之中，才会形成真正的主体间性。根据这一认识，哈贝马斯实现了他的思想转向，并提出了交往行为理论。

第二，对异化劳动的研究。马克思认为劳动是人的本质，劳动与人本身是同一的，劳动是自由自觉的生命活动，是促进人的发展的活动。但在资本主义社会，劳动变成了痛苦的活动，异化为仅是维持生命的手段，而实现人的自由自觉的劳动便成为了马克思劳动解放的主题。针对马克思的异化劳动理论，马尔库塞对马克思劳动思想进行了深入的研究，构成了马尔库塞理论的重要组成部分。他运用马克思异化思想学说批判了发达工业社会国家，并对这些国家的文化和意识形态进行了批判。马尔库塞通过三步完成他的批判，第一

---

❶ 卢卡奇,杜章智,任立,等.历史与阶级意识[M].北京：商务印书馆,2011.
❷ 卢卡奇.关于社会存在的本体论(上卷)[M].白锡堃,张西平,李秋零,译.重庆：重庆出版社,1993：8.
❸ 卢卡奇.关于社会存在的本体论(上卷)[M].白锡堃,张西平,李秋零,译.重庆：重庆出版社,1993：671.
❹ 哈贝马斯.现代性的哲学话语[M].曹卫东,等译.江苏：译林出版社,2004：73.
❺ 哈贝马斯.现代性的哲学话语[M].曹卫东,等译.江苏：译林出版社,2004：74-75.

步,他运用马克思主义劳动概念从哲学角度分析劳动的应然状态,"真正形式的劳动是人类的真正自我实现的手段;自然力的有意识的运用,将满足人的需要和享受。"❶第二步,马尔库塞针对资本主义社会劳动的实然境况,批判了资本主义制度下的异化劳动对劳动者的剥削,断定资本家占有劳动力的唯一目的就是为了获得剩余价值,认为"劳动契约必然包含剥削"❷。第三步,他在解决异化劳动,探索消除异化劳动,实现劳动解放时却没有应用马克思的思路,即通过消灭资产阶级私有制和资本主义制度来实现,而是采用了"爱欲化"的劳动解放之路。他求助于弗洛伊德的精神分析哲学思想,认为"一种非压抑性的现实原则的出现就将改变而不是破坏劳动的社会组织,因为爱欲的解放可以创造新的、持久的工作关系。"❸马尔库塞从马克思劳动异化理论出发,对西方发达资本主义社会进行批判,对马克思劳动观的发展有一定的借鉴意义。

第三,对物质劳动与非物质劳动的研究。随着后工业时代的来临,劳动的主体、劳动形式、过程和产品都发生了巨大变化。因此,法国社会学家毛里齐奥·拉扎拉托提出了"非物质劳动"的概念。哈特和奈格里发展了拉扎拉托的概念,认为非物质劳动除了应该包括生产商品的"信息内容"活动、"文化内容"活动,还应该包括"情感劳动"活动。哈特和奈格里用"非物质劳动"来消解马克思主义劳动理论,他们认为马克思主义劳动理论产生于工业时期的社会化大生产背景之下,而在后工业社会,劳动发生了许多新变化,他们认为马克思将劳动简单地理解为"生产主义",因此,马克思主义劳动理论已经不适合当下社会的发展和需要了。针对他们的观点,英国学者肖恩·塞耶斯对四种劳动——直接占有、农业劳动、手工业和工业劳动、普遍劳动进行了分析和归纳,他认为马克思劳动理论来源于黑格尔美学思想的合理性和确定性,"要想正确地理解马克思的劳动概念,关键是要将其放在黑格尔的语境中。"❹塞耶斯否定那些认为马克思劳动理论只是对工业社会化大生产劳动的阐发,他认为马克思针对资本主义社会劳动弊端进行批判,离不开当时的社会环境,但马克思劳动理论不仅局限于工业社会化大生产的劳动,而且他预想了一种终极劳动,"其中现代工业的普遍趋势得以实现,并且用那种把不同社会职能当作相互交替的活动方式的全面发展的个人来代替只是承担一种社会局部职能的局部个人。"❺总之,塞耶斯认为马克思劳动理论不存在物质劳动与非物质劳动的对立,马克思劳动理论对未来社会劳动仍然具有指导意义。非物质劳动观虽然有种种缺陷,但是它仍然对马克思劳动理论的发展具有启示意义。

第四,对具体劳动和抽象劳动的研究。国外学者有一种观点认为,马克思劳动观把劳动分为具体劳动和抽象劳动,对应地产生使用价值和交换价值。马克思用具体劳动和使

---

❶ 马尔库塞.理性和革命——黑格尔和社会理论的兴起[M].程志民,等译.重庆:重庆出版社,1993:252.
❷ 马尔库塞.理性和革命——黑格尔和社会理论的兴起[M].程志民,等译.重庆:重庆出版社,1993:279.
❸ 马尔库塞.爱欲与文明——对弗洛伊德思想的哲学探讨[M].黄勇,等译.上海:上海译文出版社,2008:101.
❹ 肖恩·塞耶斯.现代工业社会的劳动——围绕马克思劳动概念的考察[J].南京大学学报,2007(1):34.
❺ 肖恩·塞耶斯.现代工业社会的劳动——围绕马克思劳动概念的考察[J].南京大学学报,2007(1):40.

价值来反对抽象劳动和交换价值，这也是用社会主义反对资本主义的理论根源之一。这种观点的代表人物有鲍德里亚和德里达。鲍德里亚在《生产之境》中肯定了马克思劳动概念是贯穿马克思理论的核心概念之一，然后他从劳动概念入手全面解构和曲解马克思主义劳动观，形成了自己的符号化劳动理论。符号化劳动，是指劳动的主体、劳动的内容和意义、劳动的价值等都被符号化了，社会生产像代码一样运转，符号化劳动所指的劳动不是具体劳动生产过程的劳动，而是符号化意旨。鲍德里亚批判了马克思的生产概念，他认为："生产方式的批判理论没有触及生产原则，生产方式所描述的所有概念，也只是说明了生产内容的辩证的、历史的谱系，并未触及生产的形式。"❶符号化特征就是当代社会的本质特征，试图颠覆马克思劳动观和马克思的政治经济学，从而建构象征交换理论。他指出，象征交换强调的是物的象征性，而非物的有用性，因此，与商品交换有着本质区别。象征交换理论是其建构符号政治经济学的理论基础，在二者的相互对应之下，为克服符号拜物教找到了一条解放路径。符号化劳动理论对我们理解当代社会确实有一定的启发意义，但鲍德里亚的符号化劳动理论和象征交换理论是脱离现实的，并没有揭示出当代社会的本质。德里达在其《马克思的幽灵》一书中说，"马克思的意思似乎是，物的使用价值是完整无损的。使用价值就是物的本身，它是自身同一的。和资本一样，幻影就开始于交换价值和商品形式。因此它指的仅仅就是幽灵'进入舞台'。在此之前，在马克思看来，它还不在那里，甚至也不是为了使使用价值处于游荡状态。但是，所谓的前一阶段的确定性，亦即这一想象的使用价值，确切地说，一种被彻底纯化的走向交换价值和商品形式的使用价值的确定性究竟来自何处……如果无法确证这种纯粹性，那么，人们就不得不说，那幻影在所说的交换价值之前，在一般价值之价值的起始处就已经出现了，或者说商品形式在商品形式之前，在它自身出现之前就已经出现了。"❷可见德里达也有类似的观点。

1.2.1.2 关于劳动教育基本理论研究

西方首先明确提出教育与劳动相结合的是空想社会主义者托马斯·莫尔，他的代表作《乌托邦》集中反映了他的劳动教育思想。莫尔强调按照年龄阶段开展劳动教育，强调劳动实践与理论的共同学习，他说："大家都从小就学习农业，部分是在学校接受理论，部分是在城市附近的农田里学习。"❸莫尔的劳动教育思想反映了早期空想社会主义者消除城乡对立和脑体对立的思想，是教育与生产劳动结合思想的萌芽。继莫尔之后，意大利空想社会主义学者康帕内拉写了《太阳城》，将教育与生产劳动思想进一步深化，书中批判了资本主义私有制的不平等，"太阳城"里实行公有制，劳动被看作光荣的活动，全体公民必须参加劳动，实行按需分配的原则对劳动产品进行分配。为了消除体力与脑力劳动的差别，要

---

❶ 鲍德里亚.生产之境[M].仰海峰，译.北京：中央编译出版社，2005：序言 1.
❷ 德里达.马克思的幽灵[M].何一，译.北京：北京中国人民大学出版社，1999：219-220.
❸ 莫尔.乌托邦[M].戴镏龄，译.北京：三联书店，1956：66.

求儿童在三岁之前在家庭中抚养，三岁以后送入公共教育机构，按性别不同进行自由的活动，"在一起轻松地学习字母、看图、赛跑、游戏和角力。"❶七岁开始学习各门自然科学知识，然后实地参观考察各种农业、手工业场所，并且学习专门的农业理论知识和技术。成年以后，平等的参加各种公职工作。每天的劳动时间不多于四个小时，其余时间用来进行研究学问、读书和进行各项艺术与体育活动，劳动在教育过程中占据了很重要的位置。近现代哲学家和思想家对劳动更加重视，并且形成了系统的劳动思想。洛克把生存权和共有财产权视为财产权劳动理论的逻辑起点，得出劳动决定的财产权是天赋的权利，劳动确定了私有财产权的范围。法国启蒙思想家卢梭继承了洛克的财产权劳动理论的思想，认为"劳动是社会的人不可逃避的责任。"❷他把劳动看作生活中的一项重要内容。卢梭的劳动教育思想集中反映在他的著作《爱弥儿》中，为反对封建经院主义的教育对儿童身心的迫害，他提倡自然教育理论。卢梭认为劳动是社会人的责任，他严厉批判不劳而获的人。因此，卢梭希望把爱弥儿培养成自食其力、独立自主的人，他推崇手工劳动。卢梭认为："如果不叫孩子去啃书本，而是叫他在工场干活，则他的手就会帮助他的心灵得到发展。"❸卢梭的劳动教育目标是培养资产阶级自由公民，反映了新兴资产阶级的教育思想和方法。瑞士教育家裴斯泰洛齐认为教育与劳动相结合是"抓住了人生的真正需要，找到了造成幸福与保证生活的根源。"❹空想社会主义者欧文创立了"新拉纳克性格陶冶馆"，通过改善环境从而提高人的理性和信念，初步形成了教育与劳动相结合的教育理念。1824年，欧文在美洲建立了"新和谐"共产主义实验区，创办了"工业和农业学校"，希望通过教育与现代生产劳动紧密结合起来。傅立叶是另一位将教育与生产劳动相结合的空想社会主义者，他强调消除城乡差别、男女平等和工农结合，致力于消除脑力劳动和体力劳动的差别。傅立叶提倡收入按劳动、资本和才能进行分配，从而形成人人幸福的和谐社会。马克思曾高度赞扬傅立叶的教育与生产劳动相结合的思想，认为傅立叶的思想包含着最天才的观测。

马卡连柯与苏霍姆林斯基是苏联著名的教育家，他们对马克思的劳动教育思想进行了深入的研究和发展，并且在实践教育中取得了巨大成功。马卡连柯科学地阐发了劳动教育的重要性。在《儿童教育讲座》一书中，马卡连柯阐述了劳动教育的重要意义。第一，公民的价值取决于参加社会劳动的能力和准备。第二，劳动者不仅要有劳动能力，还要有创造能力。第三，劳动教育不仅可以培养人的工作能力，还可以培养对他人的态度。第四，劳动教育具有促进人道德和精神上的发展。第五，劳动不仅对社会具有重大的生产意义，对个人幸福也具有重要意义。苏霍姆林斯基认为劳动是人全面和谐发展的基础，否则教育无

---

❶ 康帕内拉.太阳城[M].陈大维，黎思复，黎廷弼，译.北京：商务印书馆，1982：20.
❷ 卢梭.爱弥儿[M].李平沤，译.北京：商务印书馆，1978：287.
❸ 卢梭.爱弥儿[M].李平沤，译.北京：商务印书馆，1996：262.
❹ 张焕庭.西方资产阶级教育论著选[M].北京：人民教育出版社，1964：173.

从谈起。他认为："如果一个人不去体验、不去感受为自己的创造而自豪的感情，要达到个性全面和谐的发展也是完全不能想象的。"❶劳动教育在人的全面发展中起着促进道德发展、激发求知欲望、培养完美体魄、创造自身美等作用。他主张劳动教育应该坚持道德性和公益性相结合、尽早性、量力性、全面发展性、手脑并用、个性发展等原则。苏霍姆林斯基的劳动教育方法包括：重视自我服务，发挥榜样感召，及时经常练习，重视集体劳作等。苏霍姆林斯基的劳动教育不仅推动了苏联的劳动教育，也为其他国家的劳动教育提供了宝贵的经验。

1.2.1.3 关于大学生劳动教育的研究

国外关于大学生劳动教育的相关研究主要侧重于服务社会、创新创业、劳动技能及劳动关系等方面的教育。

高校社会服务职能确立于美国。维斯康星大学从一个地方大学迅速成长为国际著名大学，靠的就是社会服务的精神，人们称之为"威斯康星模式"，从此，社会服务成为了高校的第三大职能，并且为世界许多高校所接受。威斯康星大学采用三种方式将教育与生产劳动相结合：第一，采用高科技研究成果为经济发展服务。第二，广泛开展面向全州的继续教育服务。第三，积极开展面向全州的远程教育服务。威斯康星大学的教育与生产劳动相结合不仅提高了大学生的服务社会意识，提高了大学生的能力，而且促进了当地的经济发展。❷美国重视大学生的社会服务，"如新泽西理工学院在每学年的春假、暑假、寒假甚至周末假期都会开展'假期项目'，安排学生去校外考察，让学生与被服务者短期内近距离地生活在一起，合作应对当地社区亟须解决的问题。"❸通过服务社会的方式达到将课堂所学知识应用于解决实际问题，强化了公民责任感。正如约翰·福比斯所说："学生们对什么是负责深有体会。"❹

西方国家高等教育开展创新创业时间较早，德国是欧洲开展创新创业教育较早的国家，其将创新创业贯穿于人才培养体系之中。德国的创新创业教育采取灵活多样、因地制宜的方式，高校根据自身的办学定位和市场需求选择不同的创新创业教育模式，学生也可以根据自己的兴趣和专长选择不同的学校进行创新创业项目的培训。德国的高校进行创新创业也得到多方的支持，政府给予政策和资金的支持，据统计，1999~2001年，德国政府累计投入高校创新创业教育资金达到4200万马克，并且引领高校创立基金，为高校创立创新企业提供方便，洪堡大学2005年创办的大学，截止2008年其收益已经达到450万欧元。❺德国参与创新创业教育的另一个重要参与方是企业，许多世界知名企业如：西门子、

---

❶ 苏霍姆林斯基.公民的诞生[M].黄之瑞，张佩珍，等译.北京：教育科学出版社，2002：381-382.
❷ 陈谟开.高等教育与生产劳动相结合新论[M].吉林：东北师范大学出版社，1995：299-301.
❸ 谷贤林.美国学校如何开展劳动教育[J].人民教育，2018(21)：80.
❹ 王燕.美国一所开展劳动教育的文学院[J].外国教育动态，1981(6)：18.
❺ 杨秋宁.德国高校创业教育的特点及启示[J].人民论坛，2014(11)：236.

拜耳、大众等会定期举办多种形式的创新创业大赛以及课题项目，为大学生创新创业搭建平台。美国开展创新创业教育的时间早、体系完善，设立了专门的管理机构，配备了强大的师资队伍，课程体系也较为完善。美国创新创业教育呈现以下几个特点，一是政府制定创新创业教育的激励政策，政府从完善法律法规做起，并且提供一揽子的税收、金融方面的优惠政策以支持创新创业活动。高校创新创业教育有效融入高校人才培养体系，注重培养学生的创新创业思维，打造创新创业的容错机制，对创新创业的失败具有较大的宽容度。二是鼓励社会力量积极参与创新创业教育实践。成立"美国创业教育联盟"，其成员既包括高校、政府、企业等传统力量，也包括基金会、学生社团等新兴力量。联盟成员发挥各自的优势，实现各主体之间的资源共享。❶ 三是将创新创业课程与专业课程有机融合。例如，斯坦福大学创新创业课程体系始终坚持三项基本原则，即文理结合、教学与科研结合、专业教育与创新创业教育相结合。❷ 四是美国创新创业教育建立完整的教育体系，在美国创新创业教育具有终身的教育理念，从小学到大学都开设了相关的创新创业课程，并且要求在不同阶段的学生需要掌握相应的职业技能。

劳工教育狭义上指的是工人教育，广义上指的是在劳动合同中产生的、与工人相关的教育和问题研究。从广义的角度来讲劳工教育包括对学生进行初步的劳动技术教育并了解一些劳工问题。这种教育不是为了培养学生成为劳动方面的专家，而是为了使他们在职业生涯中更好地处理遇到的问题。❸ 有学者指出应结合大学生的专业知识和兴趣爱好，做好技术教育以满足劳动市场和生产的需求，使学生为社会做出有益劳动而打下基础。技术教育包括训练使用劳动工具并提供专业的指导，以使学生得到全面的教育。❹ 关于劳工教育的方法，Ericka Wills 研究发现大多数大学生对劳动组织持中立态度，而少数对工会有强烈信仰的学生往往是与工会的家庭成员密切互动而形成的。因此，Ericka Wills 考虑到这些态度和因素，开发了一个对话过程，鼓励参与者表达自己的观点，进行相互的书面和口头交流，并反思他人的看法，以增强他们对劳工组织的认同态度。❺

1.2.2　国内研究现状

国内的研究现状的梳理包括：关于马克思劳动观的研究、对习近平总书记关于劳动重要论述的研究、关于劳动观教育基本理论研究、关于大学生劳动观教育的研究四个方面的内容。

---

❶ 黄兆信等.美国创业教育中的合作:理念、模式及启示[J].高等教育研究，2010(4)：106.
❷ 梁士朋.美国创业教育的研究及启示[J].医学教育探索，2006(5)：495.
❸ WITTE E E. The university and labor education[J]. Industrial and Labor Relations Review, 1947,1(1)：3.
❹ KAZAKEVICH V M. The present state and prospects of the technological training of students for labor[J]. Russian Education & Society, 2002, 44(12)：31-45.
❺ WILLS E. Teaching about labor through union worker-university student dialogues[J]. Labor Studies Journal, 2012, 37(1)：81-103.

1.2.2.1 关于马克思劳动观的研究

马克思劳动观是科学的思想,深化对马克思劳动观的研究有助于坚定大学生劳动观培养的方向,适应新时代劳动发展的要求。

第一,对劳动异化的研究。马克思异化劳动理论是马克思劳动理论的开端。王德峰认为:"作为人的生存之历史性的实践概念,正是历史唯物主义的基础性概念,而这样的实践概念正是起源于异化劳动学说。"[1]关于异化劳动产生的根源。韩庆祥认为:"分工是私有制、异化劳动产生的前提条件,而私有制度(包含分工制度)才是异化劳动产生的直接原因或根源。没有私有制,单独分工不能产生异化劳动,而没有分工,单独私有制也不能产生异化劳动。"[2]可见他认为用私有制和分工共同作用是马克思认为的异化劳动的根源。

第二,对劳动与人的关系的研究。那么劳动和人的关系就成为了讨论的问题之一。关于"劳动创造了人"与"劳动是人的本质特征"两者之间存在矛盾的问题。猿在进化的过程中还不能称为人,所以不会劳动,因为劳动是人的本质,那么如何创造人?赵寿元认为解决这个矛盾只能是劳动选择了人,不是劳动创造了人。[3]朱祖霞用劳动过程来解决这一矛盾,她把人类形成的劳动称为"真劳动",在"真劳动"之前经历了劳动形成的原始阶段以及"前劳动"阶段。[4]葛明德根据人类学的成果,论证了劳动作为工具行为在人类起源中起的决定性作用。关于人的需要与劳动的关系问题。薛德震和远志明认为,人的需要具有客观性,劳动是满足需要的一种方式,满足了人的本质需求,但是需要转化为劳动的动力必须具备一定的社会条件。但有学者分析需要与人的关系中,认为"需要即人的本质"是过分夸大了需要的作用,强调劳动及其社会性是人的本质的观点。[5]关于劳动是人的最基本的存在方式的问题。劳动是人的本质特征,但现实中鄙视劳动,不愿劳动的现象时有发生。学者余治平根据马克思劳动理论认为:"只有当劳动与兴趣、爱好结合在一起的时候,劳动才可能成为一种快乐,潜藏在每个人身体内部的想象力与创造力才能最大程度地得到发挥。"[6]

第三,对劳动历史作用的研究。唯物史观的理论是马克思的伟大发现,历史唯物主义研究的对象是人类社会的历史,是人类历史的发展规律。许多学者从不同角度研究劳动在历史发展中的作用。聂阳从"一般劳动"与人的现实存在、"异化劳动"与现代性批判、"自由劳动"与人性之美的憧憬三个方面阐述马克思劳动理论的历史唯物主义意蕴。其中在"一般劳动"与人的现实存在这一章,作者论述了马克思劳动理论关于劳动在何种意义上创造

---

[1] 王德峰.论异化劳动学说对于历史唯物主义的奠基意义[J].复旦学报,1999(5):45.
[2] 韩庆祥.关于马克思异化劳动理论的几个问题[J].北京大学学报,1985(5):70.
[3] 赵寿元."劳动"选择了人![J].复旦学报(社会科学版),1981(1):84-86.
[4] 朱祖霞.论劳动与人类及其意识形成的关系[J].哲学研究,1982(7):18-24.
[5] 张维祥.需要、劳动和人的本质[J].北京大学学报(哲学社会科学版),1993(1):60.
[6] 余治平.劳动:人之为人的存在方式——从现代性批判到后现代憧憬[J].天津社会科学,2007(6):4.

了人本身,劳动作为社会关系的生长点和纽带如何发挥作用,劳动为何成为历史的诞生地以及反思西方马克思主义者对马克思主义劳动理论的误读。在"异化劳动"与现代性批判这一章,作者探讨了异化劳动的批判和扬弃,劳动价值论的彻底化与剩余价值理论的创立,马克思劳动批判的实践后果和思想效应。在"自由劳动"与人性之美的憧憬这一章,作者论述了马克思论"自由劳动",劳动创造人性之美的模仿原理与象征原理,在当代劳动形态中彰显历史唯物主义的价值关怀。❶ 鲁品越认为:"剩余劳动的发展生成了人类社会的历史进程",劳动是历史发展的决定力量。区分了"必要劳动"和"剩余劳动"对历史发展的作用,认为必要劳动时间是维持社会历史现状,而"剩余劳动"时间才是推动人类历史进步的动力。❷ 所以他指出剩余劳动及其产生的剩余价值是唯物史观的血肉。但王峰明认为不论剩余劳动还是必要劳动都是推动历史发展的重要动力。宫敬才认为:"马克思历史唯物主义理论应命名为劳动历史唯物主义理论"❸,并且指出马克思劳动历史唯物主义理论以人、劳动和社会三个基本要素为客观基础。

第四,对劳动价值论的研究。我国早期研究马克思劳动价值论的有林、郑新立、拱桥对马克思劳动价值论的来源进行了追溯和界定,对马克思主义理论创立过程进行了研究,批判了资本主义经济学家劳动理论的错误,结合我国社会主义现实说明价值规律在我国的作用,提出应该建立适应社会主义的价格管理体制。❹ 在我国改革开放之初,马克思劳动价值论经历了一元论和多元之争。一元论认为非劳动生产要素不能决定价值,代表人物是苏星。多元价值论的代表谷书堂认为:"任何一种经济理论都是由于能够解释现实经济生活而获得存在的价值。"❺ 在当前中国特色社会主义市场经济体制下,卫兴华运用马克思劳动观阐述了劳动论与劳动价值论、财富论与价值论的关系,认为在当下需要深化对马克思劳动价值论的认识,明确科技工作特别是高科技工作在生产中能够创造出更多的价值。❻ 为了能在新时期对劳动有更深入的认识,鲁品越把劳动分成两个层次,分别是常规劳动和创新劳动。他认为马克思劳动价值论逻辑包括这两个层次的劳动。常规劳动是通过消耗劳动者自身的生命为他人服务的商品而建立社会关系的微观过程,不改变"社会历史时间"。创新劳动虽然也是微观个体的劳动,但是却能通过改变社会正常生产条件的宏观的"社会历史时间"来实现。就是将创新性劳动成果向全社会生产解构的渗透来实现。❼

另外,随着社会生产力的发展,环境污染威胁着人类的生存,马克思关于生态劳动的观点也逐渐引起了学者们的关注。

---

❶ 聂阳.马克思劳动理论的历史唯物主义意蕴[D].长春:东北师范大学,2018.
❷ 鲁品越.剩余劳动与唯物史观理论建构——走向统一的马克思主义理论体系[J].哲学研究,2005(10):19-25.
❸ 宫敬才.论马克思的劳动历史唯物主义理论[J].北京师范大学学报,2018(3):9.
❹ 有林,郑新立,拱桥.马克思的劳动价值理论[M].北京:经济科学出版社,1988.
❺ 谷书堂,柳欣.新劳动价值论一元论——与苏星同志商榷[J].中国社会科学,1993(6):83.
❻ 卫兴华.关于深化对劳动和劳动价值理论的研究与认识之我见[J].南开学报(哲学社会科学版),2002(1):4.
❼ 鲁品越."创新劳动"价值与社会生产历史进程——两层次劳动价值创造论[J].哲学研究,2009(7):6.

1.2.2.2 对习近平总书记关于劳动重要论述的研究

习近平总书记十分重视劳动,对劳动以及劳动教育作了许多精辟的论述,对习近平总书记关于劳动的重要论述的研究也日益增多。在2015年习近平总书记五一讲话的推动下,媒体首次概括出以"尊重劳动"为基础,以"实干兴邦""和谐劳动关系""树立正确人才观"为主要内容的"习近平的'劳动观'"概念。❶ 实干兴邦就是要尊重劳动者,就是"不能看不起劳动者",建立"和谐劳动关系"就是提高一线工人和农民的劳动报酬,"树立正确人才观"就是尊重创造性劳动,鼓励创新。还有媒体将此次五一讲话概括为旨在以弘扬劳模精神、坚持人民主体地位、实现最广大人民根本利益、提高劳动者素质四个方面重塑劳动观。❷ 在学术研究领域,李珂认为新时代背景下,习近平的劳动思想继承并发展了马克思主义劳动思想,习近平新时代中国特色社会主义劳动思想理论体系包括"实干兴邦"的劳动实践观、"崇尚劳动"的劳动价值观、"热爱劳动"的劳动教育观等方面内容。❸ 王海建和郝宇青认为习近平关于劳动的重要论述是严谨的、内在的和科学的理论框架。其中,劳动创造美好生活是理论框架的主线,习近平通过解决生产力与生产关系、劳动者和自身发展这两对劳动发展的矛盾,形成了三位一体的劳动认识论、劳动实践观、劳动价值观,回答了新时代需要什么样的劳动,应该怎样劳动,为了谁劳动的重大理论与现实问题。❹ 汤素娥系统梳理了习近平劳动观的生成源流,将习近平新时代劳动观的内容概括为劳动价值论、劳动精神论、劳动主体论、劳动关系论四个方面,并且阐明了贯彻习近平新时代劳动观的实践要求。❺ 王婷系统论述了习近平劳动思想的基本内涵,主要包括劳动价值论、创新劳动论、幸福劳动论、和谐劳动论四个方面内容。对习近平总书记关于劳动思想的主要特征和发展趋势做了论述,她认为新时代条件下习近平劳动思想的主要特征是坚持以人为本的人民性、培育奋发图强的创新性、保持真抓实干的务实性、体现与时俱进的时代性,趋势是劳动关系对全局的影响将会越来越大、构建和谐劳动关系对法制的依赖度越来越高、经济全球化对劳动关系的影响越来越大、调整劳动关系矛盾的任务越来越重要。她阐述了习近平劳动思想的当代意义和价值归属,认为习近平劳动思想对我国当前的社会经济发展,中国梦的实现,和谐社会建设具有重大的意义。❻

这些研究成果对习近平总书记关于劳动重要论述的思想来源,社会背景进行了深入思考,从理论层面对其论述的内容、结构作出系统阐述。总之,习近平总书记关于劳动的重要论述回应了时代发展,继承和发展了马克思主义劳动观,体现了以人民为中心的思想。

---

❶ 潘婧瑶等.习近平的"劳动观":尊重劳动、"实干""创造"并重[DB/OL].
❷ 马海燕.习近平号召以劳动为荣 四点倡议重塑劳动观[DB/OL].
❸ 李珂.习近平新时代中国特色社会主义劳动思想探析[J].思想教育研究,2018(1):12-16.
❹ 王海建,郝宇青.习近平关于劳动重要论述的核心构成研究[J].当代世界社会主义问题,2020(3):13-22.
❺ 汤素娥.习近平新时代劳动观研究[D].长沙:湖南大学,2019.
❻ 王婷.习近平劳动思想探析[D].南昌:南昌大学,2018.

1.2.2.3 关于劳动观教育基本理论研究

对中国传统劳动教育思想的研究主要是对古代思想家和教育家的劳动教育思想的研究。关于墨子劳动教育思想的研究，王江松教授认为"他从小生产者的利益出发，提出了一套具有鲜明劳动主义倾向的哲学思想"，包括"'以力抗命''赖其力者生'的劳动人性论""'兼爱''非攻''尚贤''节葬''非乐'的劳动者社会观和伦理观""三表法：平民经验主义认识论"。❶有学者认为墨子不仅是技术熟练的工匠，而且重视工匠技术的传授，墨子的劳动观具有重要的教育意义，可以保证农民和工人获得平等的教育权力、充分发挥教师教育的主动性、道德教育提倡兼爱、重视职业教育在社会阶层流动中的作用。❷"墨家成员中有不少人是具有生产实践经验的手工业者，他们进行理论学习与科学实验，借助科学研究，总结了大量生产经验，既发展了我国古代的科学事业，又培养造就了科技人才。"❸关于孔子劳动教育教育的研究，有学者认为儒家学派主张"劳心者治人，劳力者治于人"，对待劳动持有一种轻视的态度。❹但也有学者认为，"关于孔子，一般都认为他轻视、鄙视、敌视劳动人民，其'爱人'思想不包括劳动人民在内，但我们只要深入研究，就会发现这是一种误解。"❺魏冰娥认为孔子的劳动教育思想主要内容包括：兼顾体力劳动和脑力劳动的教育、勤劳是成仁尽孝的德性、自谦和勤奋的好学精神。孔子的劳动教育思想对现实劳动教育具有重要的启示作用。❻关于庄子的劳动教育思想的研究，王江松教授认为庄子"以高妙的思辨和诗意的描写，发掘了劳动的积极的、肯定的、创造性的、审美的一面，使形而下的劳动上升至形而上的艺术的高度，使卑贱的劳动者上升到得道之人、真人的境界。"❼也有学者认为，道家一方面重视劳动技能的提升，另一方面对技艺的偏见也阻碍了技术的进步。❽

关于劳动教育的内涵，檀传宝教授认为劳动教育的本质是培养受教育者形成尊重劳动的价值观，培育受教育者具备对劳动的热情与劳动创造的积极性等素养。❾王连照综合了学者关于劳动教育的论述，他认为劳动教育是教育与生产劳动相结合的一种实践形式，应当包括符合社会主义价值观的劳动态度、动手能力、良好习惯的教育。❿关于是否需要实行"五育并举"，黄济先生通过对马克思主义教劳结合及我国革命传统教育的分析指出，进

---

❶ 王江松.劳动哲学[M].北京：人民出版社，2012：203-205.
❷ 徐峰，石伟平.墨子的工匠观及其当代教育意义[J].职业技术教育，2020,41(7)：42-48.
❸ 曲铁华.中国教育发展史纲[M].长春：东北师范大学出版社，2006：288.
❹ 曲铁华.新编中国教育史[M].长春：东北师范大学出版社，2011：190.
❺ 刘周堂.孔子对劳动人民到底是什么态度[J].湖南师大学报，1985(6)：29.
❻ 魏冰娥.孔子劳动教育思想及其现实启示[J].现代基础教育研究，2019(3)：134-139.
❼ 王江松.劳动哲学[M].北京：人民出版社，2012：206.
❽ 李珂.嬗变与审视：劳动教育的历史逻辑与现实重构[M].北京：社会科学文献出版社，2019：4-6.
❾ 檀传宝.劳动教育的本质在于培养劳动价值观[J].人民教育，2017(9)：45-48.
❿ 王连照.论劳动教育的特征与实施[J].中国教育学刊，2016(7)：89-94.

行生产教育的同时有必要加强思想品德的教育。同时强调应将劳动教育列为教育整体的一部分，实现德、智、体、美、劳五育并举。❶ 瞿葆奎教授则认为劳动教育虽然极其重要，但与德育、智育、体育、美育相比劳动教育属于另一层次的教育，不应与其它四育并列为人的全面发展的组成部分。❷ 关于劳动教育的新时代发展，学者徐长发认为新时代劳动教育以马克思主义劳动观和价值观为逻辑起点，需要走新时代中国特色社会主义教育发展之路，体现"以劳树德、以劳增智、以劳健体、以劳育美、以劳创新"的教育特征。❸ 张应强教授通过对《中共中央国务院关于全面加强新时代大中小学劳动教育的意见》的解读认为新时代学校劳动教育就是劳动价值观的教育。劳动教育与德、智、体、美育之间是互蕴互摄的关系，劳动教育本质上属于社会教育领域，不能过分夸大和拔高学校劳动教育的作用。❹ 针对新时代高校劳动教育要求，刘向兵及其团队完成了《新时代高校劳动教育论纲》。这本著作"既有对马克思主义劳动观与劳动教育的历史回顾，又有对新时代劳动观与劳动教育的现实分析；既对新时代高校劳动教育体系建构进行了理论阐释，又明确了新时代高校加强劳动教育的实践路径。"❺

总之，我国的专家和学者对中国传统劳动教育思想、对中国共产党人的劳动教育观、对当代劳动教育的研究成果，都可以为大学生劳动观培养的研究和实践提供重要理论基础。

1.2.2.4 关于大学生劳动观教育的研究

第一，关于大学生劳动观存在问题的研究。丁苏艳认为当代大学生劳动观缺乏创新、劳动观念淡薄、劳动价值观功利化、鄙视体力劳动、强调个人劳动权利忽视社会劳动责任。❻ 郑银凤通过对国内的5所院校进行广泛的问卷调查得出"90"后大学生在劳动意义认识上比较到位，但是对于劳动目的却存在偏差的结果。对劳动荣辱观有着比较正确的认识，认为不劳而获可耻，但劳动是光荣的却比不劳而获的赞同率只高出50%。对于劳动分工认识来说，"90"后大学生表现为认知上认同劳动分工无贵贱，但是行动上认同分工有好坏的差别，知行不合一现象比较明显。对于社会上出现的"啃老族""干的好不如嫁得好"等现象，"90"后大学生总体能够有正确的认识，但调查中也发现有部分学生仍存在着认识不清的问题。对于创新劳动认识，"90"后大学生的马克思主义创新劳动观教育亟待加强。❼ 杜艳艳通过问卷调查对河南部分高校敬业观进行研究，调查结果显示当代大学生敬

---

❶ 黄济.关于劳动教育的认识和建议[J].江苏教育学院学报，2004(5)：17-22.
❷ 瞿葆奎.劳动教育应与体育、智育、德育、美育并列？——答黄济教授[J].华东师范大学学报，2005(3)：1-8.
❸ 徐长发.新时代劳动教育再发展的逻辑[J].教育研究，2018，39(11)：12-17.
❹ 张应强.新时代学校劳动教育的定性和定位[J].重庆高教研究，2020，8(4)：5-10.
❺ 刘向兵等.新时代高校劳动教育论纲[M].北京：社会科学文献出版社，2019：序1-2.
❻ 丁苏艳.马、恩劳动观视角下对地方高校大学生劳动观存在问题的冷思考[J].商业经济，2017(8)：39-41.
❼ 郑银凤."90"后大学生劳动观教育研究[D].成都：西南交通大学，2016：89.

业观存在积极和消极两个方面。积极方面表明大学生普遍认同社会主义核心价值观,认同敬业观的培养,随着年级的增高,大学生敬业观日趋成熟。消极方面表明大学生敬业认知不够深入,践行敬业观的程度不够,自身敬业观不够稳定,缺乏理想信念的支撑,对待工作和学习功利化倾向较重。❶ 季爱民、蔡欢通过调查发现当代大学生劳动观存在劳动意识淡薄、劳动习惯差,认为体力劳动低级,不尊重他人劳动成果,崇拜物质、渴望不劳而获等问题。❷ 贾亚琪归纳认为享乐主义、拜金主义等不良思潮冲击着部分当代大学生,大学生的劳动价值取向趋向功利化;部分大学生过分追求社会对个人的满足,缺乏责任担当和奉献精神,劳动习惯差;部分大学生存在对体力劳动仍然表示不认同,不尊重他人劳动成果,不尊重体力劳动者的现象;部分大学生心理素质不好,自制能力不强。❸

第二,关于大学生劳动观存在问题的原因研究。研究者主要从社会、高校、家庭、个人等方面展开研究。一是社会方面的原因。裴文波,岳海洋,潘聪聪认为社会劳动精神宣传出现了问题,社会环境对劳动意识的导向不强,造成大学生脑体劳动出现偏差,不利于培养大学生的劳动意识与习惯。❹ 郑银凤把大学生劳动观存在问题的成因分成宏观、中观、微观三个层面,她认为在宏观的社会大环境下,传统劳动观即"劳心者治人,劳力者治于人"以及"学而优则仕"的思想根深蒂固,很多大学生读书的目的就是为了找个赚钱多、摆脱体力劳动的工作;市场经济环境、社会思潮、科技进步都是影响大学生劳动观的现实因素。❺ 季爱民和蔡欢认为除了受传统文化和市场经济的影响外,社会分配的不公以及媒体不负责任的炒作也是大学生劳动观出现问题的原因。二是高校方面的原因。裴文波,岳海洋,潘聪聪认为高校劳动教育结构性失调,高校存在重智育轻德育的问题,没有把德智体美劳全面发展作为一种育人理念,在师资、课程、评价体系等方面忽视劳动教育。徐溪远认为高校的劳动教育被错误地认为是一种惩罚手段和利益工具,劳动教育存在边缘化的情况,劳动教育保障措施也不健全。❻ 郑银凤认为目前我国高校劳动观教育目标不明确,内容单一,评价不成熟,保障体系缺失等直接导致大学生劳动观的问题产生。陈自龙认为,高校教育的"重智轻德"是导致大学生劳动教育产生漏洞的原因。许多高校劳动教育没有列入教学大纲,没有完整的课程体系。劳动实践也只是零散的尝试,这些都很难起到教育效果。三是家庭教育方面的原因。裴文波,岳海洋,潘聪聪认为当代大学生普遍都是独生子女,家长对孩子过分溺爱,导致孩子好逸恶劳,缺乏艰苦奋斗的精神。郑银凤指出影响大学生劳动观的家庭环境因素主要有是否独生子女、居住方式、父母文化程度的高低、家庭经济条件,其中家庭经济条件对劳动观的影响较大。很多家长把劳动与学习对立起来,对

---

❶ 杜艳艳.当代大学生敬业观研究——以河南省部分高校为例[D].焦作:河南理工大学,2016.
❷ 季爱民,蔡欢.马克思主义劳动观下的大学生劳动观调查分析[J].学校党建与思想教育,2015(3):75-77.
❸ 贾亚琪.当代大学生马克思主义劳动观教育研究[D].郑州:河南大学,2016.
❹ 裴文波,岳海洋,潘聪聪.高校大学生劳动教育的多维透视[J].学校党建与思想教育,2019(4):87-89.
❺ 郑银凤."90"后大学生劳动观教育研究[D].成都:西南交通大学,2016.
❻ 徐溪远.新时代大学生劳动教育研究[D].西安:西安理工大学,2017.

体力劳动存在错误认识,对"体面"工作存在误解,这些错误的家庭教育理念造成部分大学生不能形成正确的劳动观。季爱民和蔡欢认为家长过度保护孩子,一味追求升学,轻视劳动的教育作用。四是个人方面的原因。冯亮亮指出"当前大学生的劳动自觉性极其缺乏,没有真正认识到劳动的伟大意义,缺乏主动做事,自我驱动的精神。"❶裴文波,岳海洋,潘聪聪也认为大学生劳动主动性失衡,部分大学生只关注读书,缺乏劳动实践和锻炼,不能充分认识劳动实践的基础地位以及对自身成才的重要意义。常艳认为大学生对当前的就业形势没有一个很好的认识,对劳动技能重要性的忽视造成大学生的理想目标与社会脱节。❷

第三,关于大学生劳动观教育的内容研究。需要说明的是很多研究并没有严格区分劳动教育与劳动观教育的概念,一些关于大学生劳动观教育的内容包含在劳动教育的研究和论述之中。李珂认为新时代劳动教育的主要内容是:树立"四最"的劳动价值观、培育热爱劳动的情感态度、培养诚实劳动的优良品德、打下创造性劳动的良好基础、养成勤于劳动的良好习惯。❸ 章舜钦认为大学生劳动教育主要包括劳动观念教育、热爱劳动人民的教育、劳动相关技能教育、劳动法律法规教育、艰苦奋斗精神教育。❹ 黄济认为劳动教育的内容包括:在社会主义国家,应当培养学生马克思主义的劳动观,认识劳动是人的本质,劳动推动人类社会的进步,认识劳动是人的全面发展的基础,注意脑体劳动相结合;培养学生以忠诚的态度进行创造性的活动,加强社会责任感,遵守劳动纪律;培养学生良好的劳动习惯,提倡艰苦朴素的劳动精神,反对奢侈浪费恶习;培养学生学会创造性劳动。❺郑银凤认为大学生劳动观教育内容应该包括三个方面:一是主导性内容,包括马克思主义劳动观基本内容教育、劳动认同教育;二是创新性内容,包括创新创业教育、劳动相关社会问题分析(如脑体劳动关系的分析、新"读书无用论"分析、高校"千米经济"现象的分析);三是拓展性内容,包括择业观教育、择偶观教育。❻ 徐溪远认为新时代大学生劳动教育的内容包括四个方面,即树立正确的劳动观教育、培养吃苦耐劳自强不息的劳动精神教育、养成自觉的劳动习惯教育、学习基本的生产技能的教育。❼

第四,关于提升大学生劳动观教育效果的对策研究。对策研究主要围绕以下三个层面展开:一是家庭层面。裴文波,岳海洋,潘聪聪认为家庭教育的地位在新时代将越来越重要,从家庭层面着眼于人的全面发展要求,凸显劳动教育在家庭教育中的地位。"一是要把家庭教育主体纳入全方位育人的系统工程,把隔代家长和监护人作为重点宣传对象。二

---

❶ 冯亮亮.当代大学生劳动意识及其培养研究[D].武汉:华中师范大学,2017:22.
❷ 常艳.加强大学生劳动观教育探究[D].天津:天津师范大学,2013.
❸ 李珂.嬗变与审视:劳动教育的历史逻辑与现实重构[M].北京:社会科学文献出版社,2019:223-227.
❹ 章舜钦.在新的历史条件下加强大学生劳动教育的必要性[J].建材高教理论与实践,1999(1):56.
❺ 黄济.关于劳动教育的认识和建议[J].江苏教育学院学报(社会科学版),2004(5):17-22.
❻ 郑银凤."90"后大学生劳动观教育研究[D].成都:西南交通大学,2016.
❼ 徐溪远.新时代大学生劳动教育研究[D].西安:西安理工大学,2017.

是要发挥家校联系作为共同育人的纽带作用。"[1]郑银凤认为家庭教育需要做好几点：首先，转变家长的劳动观教育理念，转变传统的"学而优则仕"、体力劳动低人一等的传统教育观念。其次，注重家庭教育对大学生劳动观的潜移默化影响作用，父母应注意树立榜样作用，自己先做到尊重劳动、热爱劳动。最后，家庭教育还应该注重培养大学生的基本技能。[2]张文瀚认为："家庭担负起劳动教育的主要责任，改变片面的教育目的观、成材观和劳动观，让'劳动光荣'开始根植于孩子幼小的心田，并配合学校和社会做好孩子劳动教育的保障和支持工作。"[3]二是高校层面。曲霞、刘向兵指出："将新时代高校劳动教育明确为高等教育人才培养体系的一部分，以全面提高新时代大学生劳动素养为核心，建构了'五大目标体系''三大任务体系''1+8 实施体系'和'3+1 保障体系'，四大体系环环相扣、有机融入与独立设置相结合的新时代高校劳动教育体系。"[4]郑银凤认为学校教育乃是大学生劳动观教育的主要途径。要明确劳动观教育的大学生思想政治教育的学科归属。要大力加强劳动观教育课程建设。做到理论课程与实践课程相结合、开发课程资源、加强师资队伍建设、增强校园文化建设。[5]贾亚琪认为高校应当多组织集体劳动，制定严格的劳动制度，形成劳动习惯。另外，学校要结合就业指导课程，对大学生的劳动给予物质补偿。[6]季爱民和蔡欢认为："一方面，无论是学校总体课程设置、教学内容，还是教学计划、考察方式，都应彰显对劳动观教育的关注，另一方面，从法制教育的权利义务观着手，促进学生形成'劳动既是公民权利，又是应尽义务'的观念。"[7]三是社会层面。裴文波，岳海洋，潘聪聪认为高校需要搭建劳动教育的社会桥梁，除实习之外，形成多种形式的社会劳动。用人单位要明确用人标准和方向。另外社会要宣传先进的劳动典型。郑银凤认为社会教育是劳动观教育在学校和家庭教育的延续和拓展。她认为应当加强社会劳动文化的熏陶教育作用以及大众传媒的宣传教育作用。

通过对国内外研究的现状分析，我们发现大学生劳动观培养的相关研究越来越深入和系统，大学生劳动观培养逐渐成为当前思想政治教育研究的热点。从近些年学界出版的著作和学术论文可以看出，当前对大学生劳动观培养的基本逻辑体系已经建构起来，对一些基本问题如大学生劳动观教育的特征、问题、内容、意义等已有初步的探讨和研究，但是这些研究还不够系统、成熟和深入，突出表现在以下四个方面。

首先，马克思主义劳动观有待进一步深化和发展。作为大学生劳动观培养的重要理论基础，马克思主义劳动观仍然存在一些需要丰富和发展的地方。表现为系统研究马克思主

---

[1] 裴文波,岳海洋,潘聪聪.高校大学生劳动教育的多维透视[J].学校党建与思想教育,2019(4)：89.
[2] 郑银凤."90"后大学生劳动观教育研究[D].成都：西南交通大学,2016：199-223.
[3] 张文瀚.当代中国青少年劳动教育的问题、原因及其对策[D].呼和浩特：内蒙古师范大学,2008：44.
[4] 曲霞,刘向兵.新时代高校劳动教育的内涵辨析与体系建构[J].中国高教研究,2019(2)：73.
[5] 郑银凤."90"后大学生劳动观教育研究[D].成都：西南交通大学,2016：223-236.
[6] 贾亚琪.当代大学生马克思主义劳动观教育研究[D].郑州：河南大学,2016：40.
[7] 季爱民,蔡欢.马克思主义劳动观下的大学生劳动观调查分析[J].学校党建与思想教育,2015(3)：77.

义劳动观在新时代呈现的新发展、新特点的文章仍然较少。伴随着世界政治、经济、文化的发展和新时代的来临,马克思主义劳动观也不是一成不变的,需要进一步丰富新时代历史条件下马克思主义劳动观的内涵。另外,对于马克思主义劳动观的研究往往局限在某一个学科内,部分学者从政治经济学角度去研究,部分学者从哲学、社会、伦理学等角度去研究,而较少学者从整体理论体系的角度研究马克思主义劳动观,不利于准确把握和研究马克思主义劳动观。

其次,大学生劳动观培养研究缺乏理论支撑体系。大学生劳动观培养是未来教育的重点研究领域之一。目前,劳动观培养研究仍然处于探索阶段。学者的研究主要集中在政策的解读、意义阐释及提出具体的实践对策,忽视了对劳动、劳动观、劳动观培养内容的系统深入研究。具体来说,目前的研究对教育与生产劳动相结合思想、劳动的社会价值与人本价值、劳动对人的全面发展的作用等问题仍然有待进一步深入,大学生劳动观培养的理论支撑体系有待进一步完善和发展。

再次,大学生劳动观培养研究的时代性与针对性不强。大学生劳动观培养研究应当紧跟新时代脚步,不断适应时代发展的要求。随着时代的发展,对劳动主体、内涵和形式的认识也应不断深化,新时代大学生劳动观教育应具有时代性和针对性。目前,对大学生劳动观培养不仅缺少系统性的理论研究,而且在实践研究方面较少涉及紧跟时代发展的现状研究,导致理论研究与实践研究相脱节的现象。对当代大学生劳动观培养的现状、内容、方法以及评价机制的设计和践行等缺少更加深入的探讨和研究。

最后,大学生劳动观培养研究的内容与中华优秀传统文化劳动思想结合较少。大学生劳动观培养既要坚持以马克思主义劳动观为根本指导思想,批判地借鉴西方劳动思想,同时也要加强中华传统文化中蕴含的优良劳动观教育。当前研究较为缺少适合中国国情的劳动观培养内容,因此,造成劳动观培养内容不完善,培养效果不明显。

总之,本书将在前人研究的基础上进一步深耕细织,深入和详细地论述大学生劳动观的培养的思想来源、基本内涵、原则、内容以及培养途径,为该研究提供更加有益的借鉴,推动和深化大学生劳动观培养的研究。

1.3 本书的研究方法

1.3.1 理论联系实际法

本书通过查阅大量关于大学生劳动观培养的理论文献,特别是马克思主义经典著作中关于劳动思想及劳动教育思想的理论文献,用理论分析新时代大学生劳动观培养存在的问题及影响因素，并且结合大学生劳动观培养的实际，用实践验证并提炼理论，丰富和充实大学生劳动观培养体系，促进新时代大学生劳动观培养的创新与发展。

1.3.2 历史分析法

客观事物是发展变化的，均有一定的历史依据，只有将事物发展的不同阶段加以联系与比较，才能弄清事物的实质，揭示其发展趋势和规律。大学生劳动观培养的研究也不能脱离历史，本书运用唯物主义的历史分析方法，对中华人民共和国成立以来大学生劳动观培养历程进行了系统的梳理，将大学生劳动观培养置于特定的历史阶段中加以分析，以教育方针为主线，探索不同时期劳动观培养内容、政策的变化及原因，探寻大学生劳动观培养的基本经验，以便为新时代大学生劳动观培养提供有益的借鉴。

1.3.3 调查研究法

本书通过问卷调查、数据分析等研究方法对新时代大学生劳动观现状进行了调查与分析。我们从大学生劳动认知、劳动情感、劳动精神、劳动信念四个方面设计调查问卷内容，选取具有典型代表的高校，获取大学生劳动观及培养现状的第一手资料，发现大学生劳动观及培养存在的问题。本书利用定量研究方法所具有的客观性和可重复性优势，对大学生劳动观的调查数据进行了综合的分析与论证，全面地展示当代大学生劳动观及其现状并分析大学生劳动观存在问题的原因。

1.4 本书的创新点

1.4.1 阐释了新时代劳动观的内涵

本书通过对劳动观概念深入系统的考察，结合新时代背景及学者们的研究成果，对新时代劳动观的内涵进行界定，从四个方面阐释了新时代劳动观的内涵，即具备马克思主义的劳动认知，热爱劳动的情感，"勤俭、奋斗、创新、奉献"的劳动精神，诚实、守法、生态的劳动信念。这样阐释劳动观内涵既体现了时代发展的新要求，也体现了劳动观念在知、情、意、信等方面的具体要求和相互转化的重要作用。

1.4.2 将生态劳动理念纳入大学生劳动观培养之中

劳动不仅要注重处理好人与人的关系，人与社会的关系，而且要注重处理人与自然的关系，因此，生态劳动理念应当成为劳动观培养的重要内容之一。本书将生态劳动理念纳入大学生劳动观培养之中，帮助大学生正确看待人类的劳动与生态的和谐发展，将生态劳动理念视为劳动之大德，丰富新时代大学生劳动观培养的内涵，使大学生关心人类的命运发展，实现人类的可持续发展，用生态劳动理念创造更加美好的生活。

1.4.3 提出通过创新志愿服务实践形式培养新时代劳动观

将大学生志愿服务作为载体纳入新时代大学生劳动观培养实践体系。通过自我教育与学校教育相结合的方式，促进大学生认识劳动是实现人生价值的依托，是幸福的来源，深刻领会"劳动最光荣、劳动最崇高、劳动最伟大、劳动最美丽"的内涵，形成新时代劳动观，从而破解当代大学生劳动观存在的问题。

2 新时代大学生劳动观培养的相关概念界定

研究新时代大学生劳动观培养的问题需要厘清劳动、新时代劳动观、新时代大学生劳动观培养等基本概念，这是科学研究的起点。

2.1 劳动的内涵

2.1.1 劳动的基本含义

古今中外关于劳动的理解有很多种，劳动在中国古代主要指"操作、活动"之义，《庄子·让王》中指出："春耕种，形足以劳动。"《文史哲百科词典》对劳动的定义为："人们使用工具改造自然物，使之适合自己需要的有目的的活动，即劳动力的使用或消费，包括脑力劳动和体力劳动。"❶英国古典经济学家倾向于从财富的源泉角度阐释劳动，德国古典哲学家黑格尔从人的本质阐释劳动，但黑格尔所指的劳动是精神劳动。迄今为止，只有马克思对劳动的论述和界定最为科学与丰富，马克思对劳动的理解建立在唯物主义基础之上。从人改造自然的角度，马克思指出："劳动首先是人和自然之间的过程，是人以自身的活动来中介、调整和控制人和自然之间的物质变换的过程。"❷从社会发展的角度，从马克思的论述中，我们可以看出，劳动是人运用体力和智力有目的、有意识地改造自然和人类社会的实践活动，劳动不仅是人和社会存在和发展的基础，也是人的第一需要，不仅满足人的物质生活需要，还满足人的精神生活需要。

---

❶ 高清海.文史哲百科辞典[M].长春：吉林大学出版社，1988：340.
❷ 马克思.资本论(第1卷)[M].北京：人民出版社，2004：207-208.

劳动是由具备劳动能力的人开展的活动，参与劳动的人既可以直接通过身体作用于劳动对象，也可以运用智力和技术间接参加生产劳动。因此，劳动不仅包括人的体力劳动也包括人的脑力劳动，而且由于劳动者的主观能动性，劳动者的劳动态度影响着劳动的效率和效果。劳动对象指的是人的劳动作用的目标，包括土地、原料等自然资源，也包括人与人、人与社会构成的复杂系统。人类起初主要的劳动对象是自然界，其中土地是最基本的劳动对象。随着生产力的发展，人们的劳动对象不断扩大，从土地、畜牧业到手工业、商业不断发展，劳动分工自然就越来越细，劳动者之间的合作关系也更加紧密。劳动对象的扩大表明了人们的劳动能力不断增强，劳动客体既可以是客观存在的事物，也可以是社会关系、精神等抽象的存在。劳动对象的范围扩大化不代表劳动的本质发生了变化，因为劳动无论作用于精神还是社会关系，其最终指向仍然是物质性的社会生产和具体事物。劳动资料即人们用来影响或改变劳动对象的一切物质资料，其中最主要的是指劳动工具。劳动工具可以视为劳动者身体的延伸，人类学会使用劳动工具，真正意义上的劳动才算开始。劳动工具不但大大提高了人们的劳动效率，而且也促进了人类的自身发展。劳动工具从最初的石器发展到现在的机器、计算机甚至机器人，已经可以部分代替人的体力和部分脑力劳动。在新时代的今天，第三次科技革命正在如火如荼地进行中，因"深度学习+大数据"的结合，人工智能得以真正地发展起来。人工智能深刻地改变着人们的生活和社会生产方式，在某些领域替代了人的体力和部分脑力劳动。"然而，人工智能由于并不具备自我意识，在本质上仍是属于劳动生产工具的范畴。"[1]因此，有人认为劳动的属性已经发生改变，劳动不是人的专属，其实这种观点是不成立的，因为机器的背后是人在劳动，无论是机器人、计算机还是人工智能，离开了人的劳动都不可能运转，他们只是劳动工具而不能成为劳动主体，工具的被动性决定了它不可能代替劳动主体。总之，人类的劳动过程是在思维的支配下进行的有目的的生产实践活动。劳动的过程具有社会性，正是在劳动过程当中，人们结成了一定的社会关系，进而形成了语言和文化，推动了社会的进步。劳动过程集中反映了生产力发展的水平，也反映了时代发展的要求。人工智能时代背景下，人们虽然可以借助人工智能减少繁重、重复、危险的劳动，但对劳动者掌握的劳动技能和知识水平也提出了更高的要求。"关于劳动的概念不能仅仅考虑物质生产劳动，其他很多领域只要是体力脑力的付出，产生了一定的有价值的东西，都应将其归为劳动，而不是将其局限化。"[2]"所以，劳动的概念应该随着劳动的发展变化而相应地扩大。"[3]

关于劳动的分类。马克思在研究《资本论》时所指的劳动主要是社会化大生产中的物质生产劳动。有学者认为，劳动的范畴是随着社会不断的发展而逐渐扩大的，"马克思对劳

---

[1] 王珂,陈鹏.向度与限度：人工智能在消除脑、体劳动差别中的作用论析[J].经济学家,2021(9):15.
[2] 何云峰,张荆京,苏长恒,等.劳动教育何以在智能时代增进劳动幸福？[J].东华大学学报（社会科学版）,2021,21(1):2.
[3] 何云峰,张荆京,苏长恒,等.劳动教育何以在智能时代增进劳动幸福？[J].东华大学学报（社会科学版）,2021,21(1):2.

动范畴的认识有一个从狭义到广义逐步延伸的过程。在新的历史条件下，狭义的劳动已经延伸为马克思所研究的广义的劳动，即一切创造商品价值的社会劳动，而且从外延来看又有所延伸，狭义的劳动包括了创造物质商品的劳动、提供活动形式的商品的劳动、创造文化商品的劳动、科技劳动、管理劳动等。广义的劳动则是泛指一切创造物质财富和精神财富的社会活动。"❶显然，随着劳动范畴的不断扩大以及划分角度的不同，劳动的分类也越来越多。按传统的劳动分类方法，劳动可以分为脑力劳动和体力劳动；按照劳动的复杂程度，劳动可以分为简单劳动和复杂劳动；按照劳动的产品存在形式，劳动可以分为物质劳动和非物质劳动等多种形式。本书所研究的劳动，既包括体力劳动也包括脑力劳动，基于学生全面发展的育人角度，主要涵盖日常生活劳动、生产劳动和服务性劳动三方面的劳动。

2.1.2 劳动的特征

劳动是人类基本的活动，是人类一刻也不能离开的活动。作为人与动物的重要区别，劳动具有鲜明的特征。

第一，劳动的属人性。劳动的属人性表现在劳动的主体是人，任何劳动、任何时代的劳动都离不开主体的人。脱离开人的主体，劳动不可能开展，动物的本能活动不能称为劳动，是因为它的活动不具有创造性，是出于完全的本能反应。"自觉性、目的性和创造性是人类劳动的本质特征。"❷人类的劳动是主体观念与劳动过程的统一，自然界是不可能自动满足人的需求的，劳动的目的性和创造性是人类特有的活动方式。劳动的属人性还表现在劳动的过程之中，人可以通过劳动实践不断改进劳动方式方法，提高生产力，促使人以及社会的不断发展。在劳动的过程中，人区别于动物的显著特点是人的劳动是创造性的活动。劳动的属人性还表现在劳动的目标是满足人的需要，不仅满足人的生存所需要的物质需求，还满足人的社会交往和精神需求。从劳动的主体到劳动的产品终端，始终离不开作为主体的人。劳动是人特有的活动类型，通过劳动可以提高人们对事物的认识，不断促进人的身心全面发展。劳动是人存在的方式，在生产资料公有制，生产力极大提高的前提下，劳动必将与人的发展实现高度的统一，成为人的第一需要，实现人类的彻底解放。

第二，劳动的现实性。劳动是人与自然的物质、能量的交换过程，劳动的对象是现实世界以及各种关系，劳动对象的现实性决定了劳动是现实的实践活动。首先，劳动应符合现实世界的规律。人的劳动是有意识、有目的的活动，如果劳动不符合自然和社会规律，劳动便失去了有效性，从人类历史发展的角度来说，这样的劳动终将被淘汰，只有合目的、合规律的劳动才会保留下来。其次，劳动具有一定的历史局限性。劳动受一定生产力

---

❶ 梁玉秋.马克思劳动范畴从狭义到广义的延伸[J].学术论坛，2005(1)：1.
❷ 林勇.劳动社会学[M].北京：中国劳动社会保障出版社，2006：1.

水平条件的制约，如受一定历史时期生产工具、认识水平等条件的限制，人们必须根据实际条件进行生产劳动，不能脱离生产劳动的基础。最后，劳动的结果是现实的。劳动的结果是指劳动生产的产品，劳动除了生产物质产品之外，也生产精神产品，这两种产品都是真实存在的。劳动的现实性不会因为劳动形态的变化而发生改变，现在经常提到的虚拟劳动、数字劳动等新的劳动形态并不能脱离劳动的现实基础，而且新的劳动形态所产出的产品也最终满足于人们的现实需求。

第三，劳动的社会性。马克思指出，人为了生存和繁衍，必须进行两种方式的生产，一种是生产生命本身的生产，另一种是生产物质资料。两者统一于人与自然的生产关系之中。这两种生产也是在社会关系中实现的，由于生产力的发展，人的生产不可能脱离社会，随着生产的扩大和社会分工的出现，人的生产活动不再是单纯地满足自身生存和发展的需要，而是通过交换不断丰富自己和他人的生活。随着生产的扩大，单个人很难生产所需的所有产品，在现实的社会生产活动中，产品的生产不是靠单个人就可以完成的，需要社会分工协作，共同完成产品的生产，这样不仅可以提高劳动生产率，还可以节约生产成本。劳动的社会性不仅仅是物质层面的需要，也实现着人的发展，塑造着人的本质和存在。社会分工使每个人都不能生产所需的全部产品，因此，产品必须通过社会进行流通、交换和分配，以此满足人们的需要。

第四，劳动的时代性。动物在本能驱使下进行的活动是由遗传所决定的，不会在短时间内产生很大变化，而人的生产劳动则处在不断发展变化的过程中。劳动创造了历史，最初的社会生产力水平还十分低下，为了满足人类更高层次的需求，人们不断更新劳动工具，发展智力，不断改写和创造着新的历史。当然，人类生产力水平的提升，并不是一帆风顺的，而是在曲折中前进，是不断扬弃的结果。生产力的发展促使劳动分工出现，劳动分工制约着社会生产关系，生产资料私有制便是分工发展的结果。生产力的发展促进生产关系的生成和发展，生产关系同时又制约生产力的发展，正是在这样的辩证发展过程中，劳动创造着历史的同时也受历史的制约。历史前进的车轮不断向前，人的劳动能力不断提升，从满足低层次的温饱需求逐渐向满足人的社会和精神需求发展，为人类创造了无限的可能。人类的历史随着劳动的发展而发展，劳动的发展过程便是人类历史的演进过程，换言之，人类的历史与劳动相伴而生，并且随着时代的发展而不断发展。

2.1.3 劳动的作用

劳动对人类具有重要的作用，从人类和社会发展的角度看，劳动不仅是财富的源泉，而且创造了人和人类社会；从完善自身精神世界的角度看，劳动可以塑造人的良好意志品质。

第一，从人类和社会发展的角度看，劳动对人类的生存和发展具有重要的价值。一是劳动创造了物质财富和精神财富。人类社会的历史是一部劳动创造财富的历史，在古代，人们通过制造简单的工具对自然界进行改造，以此获得必要的物质生活资料。随着生产技术的进步，人类改造自然界的手段和能力不断增强，物质财富的创造能力不断提升，也为精神财富的创造带来了可能。人们的自由时间越来越多，创造的精神财富反过来又促进物质财富的创造。所以劳动是社会发展的动力，人通过劳动不断地改造对象世界，创造适合人类生存的环境。二是劳动创造了人和人类社会。马克思在《1844年经济学哲学手稿》中指出人不仅是自然的存在物，而且相对来说自然也是人的存在物，人是自为的存在物，是类存在物。正因为劳动是联系人与对象性存在物的桥梁，且人通过对象化的劳动确证并表现人的类特性，所以劳动的对象化过程确证了人是类存在物，进而形成人的本质。同时，劳动是自由自觉的活动。人的类特性就是自由而有意识的活动，人与动物最大的不同就是人的劳动是有意识的。人按照自己的意识自由的进行劳动不仅是人区别于动物的类本质，也是人成为人的驱动力，是人自身发展的需要。劳动的实质是有目的地改造世界的生产实践活动，正因为这种生产实践活动必然表现为社会性，所以人的本质表现为社会性。社会的活动和享受表现为通过同别人的实际交往确证人的活动和享受，并且体现活动内容的本质。因此，证明劳动创造了社会和社会关系。三是劳动是人自由而全面发展的途径。劳动是依据人的需要而进行的有目的有计划的实践活动。劳动的属性应该是"自由的""自觉的""有意识的"，因此，人类的理想状态下的劳动可以促进人的各方面成长，成为人自由而全面发展的有效途径。从人类发展的历史来看，劳动也不断促进人的发展，是人不断发展的基础，人类劳动不断实践，科学技术也不断进步，生产技术的进步为人类提供了更多的自由时间，为人类的自由而全面发展提供了更大的可能性。但是在资本主义条件下，劳动出现了异化，使人出现了片面发展，"单向度"的人不仅阻碍着人的发展，也阻碍着社会的进步。人的解放实际就是劳动的解放，因此，追求人的解放要求不断去除阻碍劳动解放的因素，从而实现人的自由全面发展。

第二，从完善自身精神世界的角度看，劳动能够塑造健全的人格、磨练顽强意志、锤炼高尚品格。人格又称为个性，是带有倾向性的、本质的、比较稳定的人的心理特征的总和。一个人的人格表现在知、情、意、信、行等多个方面，人的个性受先天遗传因素影响，但更多通过后天的社会实践活动形成和发展，取决于一定的社会关系。劳动作为社会交往的重要中介，不仅决定了一个人的社会角色，取得的成果还影响人所获得的社会地位。人在反复的实践中适应工作和社会关系，形成对事物的较为稳定的态度，也在劳动活动中不断地改变着某些特征。因此，积极的劳动是社会实践的重要组成部分，对塑造健全人格起着重要的作用。一个人只有具备顽强的意志品质，才能在学习、生活、工作中有所成就，而劳动无疑对顽强的意志品质的养成具有重要的作用，"天将降大任于斯人也，必先苦其心志，劳其筋骨"，说的就是这个道理。另外，劳动还可以锤炼高尚品格，只有通过辛勤的劳动，一个人才能体会劳动人民的辛勤付出，珍惜劳动人民的劳动成果。人只有热爱劳动，才能热爱自己所从事的职业，热爱生活，更好地承担应尽的社会责任。劳动不仅是每个公民应该享有的权利，也是每个公民应尽的义务。劳动促使人们认清生活的真谛，只有用辛勤的劳动为他人、社会做贡献，才能真正实现人生的价值，从而树立起正确的世界观、人生观、价值观，形成为人民服务的高尚品格。

2.2 新时代大学生劳动观培养的界定

2.2.1 劳动观的基本含义

关于劳动观的定义，曹亚雄认为："所谓劳动观，就是关于劳动的观点和看法的总和就是劳动观，是对与劳动有关的一系列问题的系统解答。"❶《教育大词典》关于劳动观点的定义是："个人对劳动的看法。构成人的世界观、思想意识和道德品质的一个重要方面。"❷在思想政治教育视域下的劳动观是世界观、人生观、价值观的重要组成部分。结合上述观点，本书认为劳动观是人们对劳动的根本观点和态度，集中反映了人们对劳动的认知、对待劳动的态度、以及劳动过程中秉持的精神和信念。

本书尝试从知、情、意、信四个要素的角度，分析劳动观的结构及相互之间的关系。"一定的品德认识需经过情感、信念、意志的催化作用，才能转化为相应的品德行为，因而思想品德的形成过程实际上是在一定外界因素影响下人们内在的知、情、意、信、行诸要素辩证运动、均衡发展的过程。"❸从思想政治教育的角度分析，劳动观属于人的三观范畴，劳动观应包括劳动认知、劳动态度、劳动精神、劳动信念等具体的构成成分。

具体来说，劳动认知是对劳动思想和本质的认识，直接决定着劳动者的价值判断、情感取向和行为选择。劳动认知是劳动者对一定社会关系的理论、规范、原则的认识。劳动认知决定了劳动者如何看待劳动的历史作用，看待劳动的目的，看待劳动成果、看待劳动人民的地位，看待劳动本身。劳动情感是指劳动者在一定的劳动认知的基础上形成的对劳动的稳定的心理状态，是劳动者在现实的劳动中表现出的爱憎的情感态度。劳动情感对人的行为起着重要的调节作用，如果人们对待劳动积极，就会积极主动地参加劳动，反之则会产生抗拒和消极的态度。劳动精神指劳动者在劳动的过程中，自觉克服困难和排除障碍的意志和毅力，集中表现为艰苦奋斗的劳动精神、兢兢业业的敬业精神、创新精神。劳动精神是体现劳动认识，调节劳动行为的重要精神力量，对劳动行为起着杠杆的作用。优良的劳动精神能促使劳动者坚持劳动并且可以养成劳动习惯，如果缺乏劳动精神，劳动习惯

---

❶ 曹亚雄.马克思的劳动观的历史嬗变[M].北京：中国社会科学出版社，2008：序言1.
❷ 顾明远.教育大辞典[M].上海：上海教育出版社，1998：931.
❸ 陈万柏，张耀灿.思想政治教育学原理(第三版)[M].北京：高等教育出版社，2015：128.

就难以持久，良好的劳动习惯也不可能形成。劳动信念是劳动者发自内心的对劳动原则和规范的真诚信仰和遵守，是在劳动过程中表现出来稳定的心理倾向，属于劳动伦理的范畴。劳动信念是联结劳动认知和劳动行为的中枢，一定的劳动认知只有经过劳动者的理性思考和劳动实践沉淀成为稳定的劳动信念，才能成为劳动者的行动指南。劳动信念是被劳动者所充分认同的认识，带有个体坚守的意志品质成分，与劳动认知、劳动态度、劳动精神相比，具有更加持久和稳定的特点。另外，确切地说，劳动行为本身不属于劳动观方面的内容，但是与劳动观念有很大的关系，在劳动观念的形成过程中，行是一个重要因素。同时，观念也通过行为来养成和检验观念的正确与否。因此，劳动观的结构虽然不包括劳动行为，但是在劳动观的形成和发展的过程中，劳动观与劳动行为相互联系、彼此渗透、相互制约，缺一不可，所以劳动观的形成必须考虑劳动行为本身，也就是要把握理论与实践的关系。劳动观的形成在实践的基础上受主客观因素的相互作用。外部客观环境的影响，包括所处的时代、社会环境、教育等因素的制约。主观因素的影响主要指作为主体的人对环境因素进行的筛选、吸取、再加工，最终形成自己对劳动的认知。劳动观的形成受多方面因素的影响，这决定了劳动观培养的综合性与复杂性。

2.2.2　新时代劳动观的基本内涵

劳动与劳动观属于不同的范畴，劳动具有现实性，属于客观存在的范畴，劳动观具有主观性，属于主体意识范畴。但劳动与劳动观却有着密切的联系，依据马克思主义社会存在与社会意识之间的辩证关系，劳动与劳动观之间的辩证关系包括三个方面。一是劳动决定了劳动观，劳动观是劳动的反映，劳动的变化发展决定了劳动观的变化发展。二是劳动观也具有独立性，有时落后于时代的劳动的发展，可以称为落后的劳动观；有时又先进于时代的劳动的发展，可以称之为先进的劳动观。三是劳动观反作用于劳动。落后的劳动观阻碍劳动的发展，先进的劳动观促进劳动的发展。因此，符合时代发展的劳动观可以促进社会的进步和个人的发展，相反则阻碍社会的进步和个人的发展。在不同的历史阶段、不同阶级、不同人群，人们的劳动观不尽相同，存在着较大差别。在众多的劳动观当中，只有马克思主义劳动观揭示了劳动的本质，阐释了劳动的意义，对劳动形成了全面的认知与理解。当然，马克思主义劳动观不是一层不变的，随着时代的变迁，马克思主义劳动观也在持续发展，尤其是在中国特色社会主义的伟大进程中不断发展和完善，在新时代越发显示出生机和活力。当前，中国特色社会主义已经进入新时代，新时代赋予我们培养担当民族复兴大任的时代新人的新使命。面对知识经济时代的到来和人工智能的发展，新时代的劳动观既要以马克思主义劳动理论为基本遵循，继承优良的劳动传统观念，又要形成符合时代发展要求的劳动观。本书遵循马克思主义劳动观的基本观点，结合时代发展对人们劳动观的要求，基于前文对劳动观结构的分析，尝试提出新时代劳动观的基本内涵，其中应当包括知、情、意、信四个层面的内容。

劳动认知是对劳动的基本看法和认识，是劳动观的基本组成成分，在劳动观形成过程中起着基础性的作用。新时代的劳动观在劳动认知方面应包含两部分内容。一是坚持马克思主义劳动思想的基本观点，即劳动是人类特有的社会实践活动，劳动不仅创造了人，而且创造了人类社会；劳动既是推动社会进步和发展的动力，也是实现人类解放的途径；劳动不仅是谋生的手段，更是获得财富和人生幸福的源泉；劳动只有分工不同，劳动人民的地位一律平等，没有高低贵贱之分，任何职业都是光荣的。二是坚持"四个最"的劳动价值观，习近平总书记提出的"劳动最光荣、劳动最崇高、劳动最伟大、劳动最美丽"的劳动价值观是马克思主义劳动思想在新时代的深化和发展，继承了中华民族传统文化的优秀基因，诠释了社会主义核心价值观的内在要求，是符合时代发展的马克思主义劳动思想。

劳动感情是随着劳动认知产生与发展的，劳动感情是对待劳动的爱憎好恶的态度，是一种非智力因素，具有较为稳定的特征。劳动感情对于劳动行为具有重要的调节作用，如果人们对劳动怀有喜爱之情，自然会主动参加劳动，否则便会不参加劳动或消极应付劳动。新时代的劳动观在劳动情感态度方面应包含三部分内容。一是热爱劳动，不是将劳动简单的视为谋生的手段，而是将劳动视为人生幸福的来源，具备"以辛勤劳动为荣，以好逸恶劳为耻"的情感；二是热爱劳动人民，劳动人民是推动历史进步的主体力量，普通劳动者的辛勤劳动为社会的运转提供支撑，他们的劳动值得尊重；三是珍惜劳动人民的劳动成果，知晓劳动的艰辛。

劳动精神体现的是一种意志品质，人们在劳动的过程中，往往会遇到各种阻力和困难，劳动精神和意志是劳动过程中自觉地克服困难和排除障碍的毅力和精神风貌。劳动精神是劳动观的重要组成部分，在劳动观培养中处于核心位置，只有坚持良好的精神风貌才能使人们养成良好的劳动行为习惯。新时代的劳动观在劳动精神方面应包含四方面。一是具备勤俭的劳动作风；二是具备艰苦奋斗的意志品质；三是具备创新劳动的意识；四是具备无私奉献的品格。

劳动信念在劳动观的构成中属于更稳定层次的心理状态和思想品质，是人们发自内心的对劳动原则和规范的信仰。劳动信念与劳动行为联系更加紧密，是经过人的理性思考和经验积累后的行为指南。新时代的劳动观在劳动信念方面应包含三方面。一是具备诚实劳动的信仰；二是具备自觉守法的意识；三是具备人与自然和谐共生的生态劳动理念。

综上所述，新时代劳动观的基本内涵可以概括为具备马克思主义的劳动认知，热爱劳动的情感，"勤俭、奋斗、创新、奉献"的劳动精神，诚实、守法、生态的劳动信念四个方面的内容。

2.2.3 新时代大学生劳动观培养的基本含义

劳动观培养是教育者通过一定的教育手段对受教育者进行有目的、有计划、有组织的教育活动，使受教育者形成正确的劳动意识和品质的教育。就培养范围而言，劳动观培养不仅指学校教育,还包括家庭和社会的教育;不仅包括直接的教育活动,还包括间接环境氛围的营造。针对劳动观培养的概念界定,我们应当明确两点,一是劳动观培养属于思想政治教育的重要组成部分,主要是实现受教育者劳动观念、意识层面的提升,侧重于思想品德方面的教育,而劳动技术知识和劳动技能的获得则不是劳动观培养的目标和内容,仅是辅助实现劳动观培养目标的途径和手段。二是关于劳动观培养与劳动观教育表述的说明。教育是"传递社会经验并培养人的社会活动。"❶"培养指教育者使学生掌握系统的科学文化知识和技能,形成其思想品德、健全体魄的过程。其内涵与教育基本相同,如'培养全面发展的人',也可以说'通过教育使学生成为全面发展的人'。"❷由此可以看出,教育与培养内涵基本相同,但培养更强调长期的教育训练,各方力量的配合及环境氛围的熏陶教化,因此,本书采用劳动观培养而非劳动观教育的表述。

不同社会群体在成长环境、所受教育、社会阅历等方面均存在显著差异,因此,劳动观培养的目的、内容、方法、途径也有显著差别。新时代大学生所处的时代是信息技术、新媒体与人工智能快速发展的时代,劳动新形态不断涌现,就业竞争日趋激烈,导致用人单位对大学生的劳动态度与能力提出更高的要求;相比于中小学阶段的教育,大学阶段的教育是更高级别的教育,教授的知识更加系统化与专业化;大学生社会阅历更加丰富,大学生的思维日趋成熟,具备更强的独立思考能力、创新能力与实践能力。新时代大学生群体的特殊性要求大学生劳动观培养有别于其他群体。因此,基于劳动观培养概念的分析,充分考虑新时代大学生的自身特点及国家对高等教育人才培养的定位,新时代大学生劳动观培养应是教育者遵循大学生身心发展规律,通过高校、家庭、社会等各方力量相互配合,采用一定的内容、方法和途径,施行的有计划、有组织的教育活动,培养大学生具备适应时代发展的劳动观,即形成马克思主义的劳动认知,具有热爱劳动的情感,养成"勤俭、奋斗、创新、奉献"的劳动精神,坚定诚实、守法、生态的劳动信念。

2.3　大学生劳动观培养的时代价值

新时代赋予教育培养担当民族复兴大任的时代新人的新使命。为适应新时代中国特色社会主义发展的新要求,加强大学生劳动观培养对国家、社会、个人均具有重大意义。

2.3.1　有利于实现中华民族伟大复兴

中华民族创造了光辉灿烂的历史文化,为世界政治、经济、文化的发展作出了巨大贡

---

❶ 顾明远.教育大辞典[M].上海:上海教育出版社,1998:725.
❷ 顾明远.教育大辞典[M].上海:上海教育出版社,1998:1173.

献。四大文明古国中，只有中华文明从未间断，这是中国人民自强不息的民族精神的体现。但是，近代以来，由于封建王朝的腐朽、教育的落后、闭关锁国的政策，中国没有抓住科技革命的历史机遇，逐渐落后于新崛起的资本主义国家。在资本主义的入侵下，中华文明遭遇了前所未有的破坏，中国逐渐沦为半殖民地半封建社会。在中华民族处于生死危亡之际，中国共产党带领中国人民奋起反抗，实现了中华民族从站起来、富起来到强起来的历史性飞跃。中国特色社会主义进入新的历史时期，在以习近平同志为核心的党中央的带领下，我国正走在实现中华民族伟大复兴的征程中。但是，实现中华民族伟大复兴绝不是轻轻松松、敲锣打鼓就能实现的，中国特色社会主义事业仍面临着许多机遇和挑战，只有作为社会主义建设者和接班人的大学生树立马克思主义劳动观，始终做到辛勤劳动、诚实劳动、创造性劳动，才能实现中华民族的伟大复兴。

第一，有利于应对国际人才竞争的挑战。20世纪60年代，美国经济学家舒尔茨提出"人力资本"学说，他指出传统经济理论认为的依靠增加物质资本和劳动力促进经济增长的观点，已经不适合当前经济发展的需求，现代经济增长的主要动力取决于劳动者的知识、能力、健康等多种因素的总和。近代以来，通过人力资源竞争，美国实现了对英国的赶超，日本实现对美国的追赶，韩国实现了对西欧国家的追赶。这些成功的经验使得世界各国更加重视人力资源。以美国为例，"在2003年，美国2160万工程师和科学家中间有33.2万（16%）是外来移民，其中有56%的人出生在亚洲，欧洲国家占19%，而中美洲（包括墨西哥）、加勒比海和南美洲国家合计占15%。换一个角度看，2003年在美国工作的200万亚洲裔工程师和科学家中间有83%是外来移民。"❶美国吸引世界各国人才的能力有目共睹，通过高额奖学金、助学金、优越的科研和工作环境，每年吸引众多留学生赴美深造，并且还在很多国家和地区设立研究机构吸引大量人才为美国服务。相反，在苏联解体后的一段时间，由于科研人员待遇降低，大量人才流失，导致俄罗斯的创新能力下降。人才是人力资源中的核心部分，是人力资源最优秀和最具创造力的部分，是高层次的人力资源，因此世界各国十分重视人才的培养和吸引，对人才的竞争也日益激烈化。人才竞争是当今综合国力竞争的重要内容之一，对稀缺人才资源的竞争是人才竞争的重点内容。高水平人才严重紧缺是一个世界性现象，随着经济全球化的进一步深化和发展，科技的发展使地球变成了"地球村"，世界各国对人才的需求越来越大，人才竞争也越来越激烈，激烈的人才竞争已经演变为一场没有硝烟的战争，扩大到世界各个国家。当时，中国特色社会主义进入新时代，实现中华民族伟大复兴必须提升国家的综合竞争力，党和国家迫切需要大批德才兼备的高层次人才。我国是具有14亿多人口的人力资源大国，但还不是人力资源强国。2019年10月，世界经济论坛公布的《2019年全球竞争力报告》显示，中国内地在全球141个主要经济体的竞争力中排名第28位，与2018年持平。

---

❶ 梁茂信.美国人才吸引战略与政策史研究[M].北京：中国社会科学出版社，2015：前言2.

人才的水平往往代表科技的水平，人才的竞争实际是高科技的竞争。哪个国家拥有了优秀的人才，哪个国家就掌握了高科技的主动权。处在社会主义环境下的人才，应"具备一定水准的政治和道德素养""具有一定的专业智能""必须从事创造性的劳动"❶。当今世界正处于大发展和大变革的时代，科技日新月异，人才在综合国力中的地位越来越凸显。为应对国际人才的竞争，实现中华民族的伟大复兴，必须加大人力资源的开发力度，加快人才强国之路。中国共产党历来重视人才，正因为对人才的合理使用与开发，中国在革命、建设、改革时期都取得了巨大的成就。中国共产党培养和造就了大批优秀人才，为推动中国特色社会主义建设贡献了重要力量。劳动观培养可以有效提高人才的层次，提高人才的创新性思维。大学生是最具创造性的群体，劳动观培养可以有效提高大学生创新创造的理念。劳动观培养有利于引导创新精神的形成、激发大学生创新活力、营造创新氛围，提高大学生的创新能力和水平，使之成为具有国际竞争力的人才。针对部分大学生为了移民及获得高额收入而出国留学的情况，劳动观培养可以避免我国培养的人才大量流失。通过劳动观培养，大学生能够了解自己肩负的历史责任与使命，明确学习和奋斗的主要目的是为了回馈祖国、回馈人民，而不仅是为了个人的利益，树立为实现中国梦、为共产主义远大理想、为全世界劳动人民利益而奋斗的理想。劳动观培养可以激发大学生矢志不渝的奋斗精神，树立"空谈误国、实干兴邦"的理念，勇于到艰苦的基层去，到国家建设的一线去，勇挑重担。大学生只有经过刻苦学习，掌握前沿的科学文化知识，经过严格的专业训练才能成为专业领域内的精英。因此，加强大学生劳动观培养，有利于应对国际人才竞争的挑战，有利于实现人才强国的战略。

第二，有利于应对科技革命的挑战。党的十八大以来，我国科技事业取得了历史性的成就，"天宫、蛟龙、天眼、悟空、墨子、大飞机、高铁、北斗等重大创新成果竞相涌现，科技创新势头强劲，一些前沿领域开始进入并跑、领跑阶段，科技实力正在从量的积累迈向质的飞跃，从点的突破迈向系统能力提升。"❷但是我们也应当看到，我国在科技领域与世界先进水平仍然存在较大差距，如在芯片与发动机制造等方面仍然落后于世界顶尖水平。当前，我国正处在世界新一轮科技革命与产业升级发展的历史交汇期，既面临着"弯道超车"的重要历史机遇，也存在着科技水平差距被拉大的挑战。

如果说前两次科技革命是用科技最大程度地解放人的体力劳动，那么第三次科技革命则以人工智能来取代人类的部分脑力劳动和体力劳动，催生出了许多新的劳动形态，劳动呈现出虚拟化和数字化的样态。生产方式虚拟化是指通过人工智能技术，利用计算机辅助设计、计算机辅助制造、智能机器人等自动生产系统实现工厂的无人化生产。人工智能对于第三产业的冲击更加严重，如银行、医院、电信、金融机构等部门逐步实现人工智能化，智能机器人正取代这些行业的员工发挥作用。劳动环境虚拟化指的是网络空间的开辟

---

❶ 赵履宽，王子平.劳动社会学概论[M].上海：上海人民出版社，1984：74-75.
❷ 本报评论员.增强创新这个引领发展的第一动力[N].人民日报，2020-09-13(1).

减少了人类劳动的地域限制，加速了全球范围内的资源优化配置。劳动对象的虚拟化指运用数字模拟现实场景，因此，劳动的对象范围被扩大，知识、信息等非物质形态都成为新的劳动对象。数字化劳动指在计算机、网络、通信等为代表的数字信息技术革命所催生的数字经济，实现劳动产品的非物质性。数字劳动主要指用户在互联网上所从事的活动，这些劳动人员包括从事编程和软件开发的人员，以及互联网非技术性的管理和维护人员。新的劳动形态的出现，影响着大学生对马克思主义劳动思想的认知，影响着大学生对劳动创造价值的判断。马克思所生活的时代是机器化大工业崛起的时代，马克思是基于真实场景、真实劳动主体与客体对劳动进行考察分析的。因此，马克思不可能预见几个世纪以后的劳动新形态，也自然不能论证未来的劳动形态。因此，有些大学生认为马克思主义劳动思想已经过时，认为劳动创造价值在人工智能时代已经不适用，人的劳动不是创造价值的唯一来源，甚至认为在新的劳动形态中价值创造不是人的劳动。由于劳动对象的虚拟化和数字化，新的劳动形态对马克思主义关于劳动创造价值的意义、劳动二重性、剩余价值的产生等劳动理论问题产生了冲击，在新的劳动形态中劳动是否仍然是推动社会发展的动力？这些问题在某种程度上影响着一部分大学生的劳动观，使劳动观培养的效果大打折扣。如何在知识经济时代将劳动创造价值的理论讲透，将马克思劳动思想与时代发展相结合，揭示其基础性、科学性，是大学生劳动观培养的重要内容。我们必须从理论的高度教育大学生，无论科技如何发展，劳动形态发生何种变化，离开了人的劳动载体，离开劳动过程和劳动者，科学技术便无法与生产联系起来，不能创造出物质财富和价值，并且科技革命不会改变资本主义对工人的剩余价值的无偿占有和剥削。同时，我们也要看到科技发展对劳动产生的影响是实实在在的，我们要教育大学生紧跟时代，树立创新、科学的劳动观。大学生必须紧跟新科技革命发展的时代潮流，树立适应时代发展的劳动观，在劳动中不仅要具备热爱劳动的态度、艰苦奋斗的劳动精神、诚实守法的劳动品质，而且要明确劳动发展的方向。历史表明，国家振兴靠科技、科技振兴靠人才、人才振兴靠青年。中国曾经是四大文明古国，是一个具有创造力的民族，"四大发明"为中国和世界文明做出了巨大的贡献，但是近代以来，由于闭关锁国的政策和封建制度的腐朽，中国没有抓住科技革命的机遇，造成了发展速度的落后。作为具有专业知识、思维敏捷的大学生必须更新劳动观念，把握新科技革命的前沿，不仅需要养成踏踏实实的工作态度，而且要明确未来社会所需的劳动是复杂的，是具有创新性的。总之，在应对科技革命的挑战时，大学生不仅应坚持马克思的劳动观，科学看待新产业业态和新的劳动形态，而且应该主动引领新科技革命的潮流。大学生的创新能力反映了一个国家的整体创新水平，科学技术的进步离不开精神的支撑，要教育大学生形成追求真理的求实精神、淡泊名利的奉献精神、团结协作的集体精神，成为胸怀祖国和人民的社会主义建设者和接班人。

  第三，有利于落实新发展理念。发展理念正确与否直接决定了发展的成败，关系着我国的全局发展。协调发展就是要从事物的整体性和协调性角度出发，把握事物的内在联系。新形势下贯彻协调发展的理念，需要从我国社会发展不平衡、不充分的角度出发，缩小城乡、地区间差距，形成全面协同发展的格局。绿色发展是人与自然和谐共生的发展理念，人类的生存和发展必须尊重自然规律，否则将给人类带来致命的打击。新时代的发展必须坚决摒弃破坏环境的发展方式和做法，树立"绿水青山就是金山银山"的绿色发展理念。开放发展是顺应时代发展潮流的发展理念，形成对外开放的新体制。改革开放四十多年的经验告诉我们，国家的振兴必须坚持对外开放，吸收和借鉴人类社会创造的先进技术和有益的管理经验。共享发展的内涵是全民共享、全面共享、共建共享、渐进共享，体现社会主义的优越性。人民群众是历史的创造者，中国共产党是无产阶级政党，为人民服务是党的宗旨，共享发展理念就是要做到逐步实现共同富裕的目标。

新时代的劳动观培养应着力培养大学生树立新发展理念，引领社会和个人发展。教育大学生形成新时代劳动观，提升大学生的劳动能力，是落实创新、协调、绿色、开放、共享的新发展理念的需要。在创新方面，大学生劳动观培养应立足新时代的劳动内容、方式，培养学生理解新业态的知识和能力，通过学习和实践增强适应新业态的知识和能力，领会新业态的价值。在协调发展方面，大学生应当学会整体思维的方法，注重发展的整体效能，明确劳动的责任和义务，牢牢把握中国特色社会主义事业的总体布局，顾全大局，培养无私奉献的劳动精神，练就过硬本领，到祖国最需要的地方奉献自己的青春和力量。在绿色发展方面，大学生需要形成生态劳动的理念，在劳动中自觉保护和维持良好的自然生态环境，具有人与自然和谐相处的大格局，在劳动中把握好自然与科技、长期效益与短期效益、资源开发与生态保护等多种关系，掌握开发和保护自然资源的劳动知识和能力，用绿色发展的理念建设美丽中国。在开放发展方面，大学生应当具备国际合作与竞争的能力，具备利用好国际和国内两种资源的意识，适应全球化经济、政治、文化体系和规则，用更广阔的视野实现理解和尊重不同民族的劳动内容和形式，奉行互利共赢的开放理念，在更大的范围从事创新劳动。在共享发展方面，大学生劳动观培养应注重引导学生建立共商、共建、共进等合作劳动的意识。共享发展理念是解决社会公平，实现人民共同富裕的问题。教育大学生树立共享理念，就是坚持以人民为中心的发展思想。大学生在劳动中具备合作、协同的意识，能够共享劳动利益，遵守按劳分配的原则，不断发展自己，贡献社会。

2.3.2 有利于培养担当民族复兴大任的时代新人

大学生是国家的栋梁，大学生劳动观培养有利于培养有理想、有本领、有担当的时代新人，有利于大学生自由全面的发展。

第一，有利于培养大学生坚定理想信念，形成"四个最"的劳动价值观。随着我国经济的快速发展和人民生活水平的迅速提高，新时代大学生缺乏物资短缺时代的人生体会，缺乏对饥寒交迫的感同身受，缺乏艰苦劳动的生活经历。一些大学生形成了坐享其成、"啃老"的生活态度。还有一些大学生好高骛远,对普通劳动者缺乏同情和应有的尊重,对体力劳动、艰苦劳动缺乏应有的认知。针对这些问题和短板,高校要深入开展马克思主义劳动观教育,用马克思主义劳动观指导劳动观培养。"四个最"的劳动价值观是新时代马克思主义劳动观在中国的新发展,劳动价值观教育要与思想政治教育相结合,坚持把立德树人、育人为本的教育理念贯穿到劳动观培养的过程中,促进大学生的素质提升和全面发展。同时,树立正确的劳动价值观有利于大学生积极培育和践行社会主义核心价值观,劳动观培养有助于大学生认清社会发展方向,培养热爱国家和民族的情感,形成以辛勤劳动回报国家和社会的道德品质,时刻践行对国家、民族甚至人类社会的使命。劳动观培养还有助于大学生时刻遵守劳动纪律、自觉行使劳动权利、承担劳动义务,在社会生活过程中,尊重他人的劳动成果,自觉遵守公共秩序、爱护公共财产、保护生态环境、遵纪守法。另外,劳动观培养有助于大学生树立诚实劳动光荣的理念,贪图享乐可耻的道德品质。

第二,有利于培养大学生成为创新型高素质人才。当前我国劳动者的素质不容乐观,就产业工人而言,低技能工人数量较多,高技能、高素质工人数量较少。2016年,《中国劳动力市场技能缺口研究》显示,技能劳动者数量仅占全国就业人数的19%,而高技能人才仅占5%。技术工人年龄普遍偏大,技术工人后备力量不足。技术工人技能较为单一,不利于创新发展及应对产业升级的需要。新兴产业工人严重不足,难以适应新兴产业的迅速发展。❶ 在高科技人才建设方面,"我国在创新型科技人才方面存在着结构性矛盾突出、世界级科技大师缺乏、领军人才和尖子人才不足、工程技术人才培养同生产和创新实践脱节等问题。"❷加强大学生劳动观培养有利于培养大批具有创新思维的"能工巧匠"、科技领军人才、管理人才,实现我国由制造业大国向制造业强国的转变,实现中国制造向中国创造和中国智造的转变,为加快创新型国家建设提供人力保障和创新支撑。我国高等教育一向重视学生的劳动观培养,培养了大批高素质人才,增强了大学生服务国家和社会的能力。但是现实的劳动观培养也存在着被泛化、窄化、软化、弱化的现象。为了解决这些问题,全社会必须加强大学生劳动观培养,促进大学生成长成才,致力于培养创新型高素质人才。

第三,有利于培养大学生成为有担当的社会主义劳动者。中国特色社会主义教育必须要明确"培养什么人、怎样培养人、为谁培养人"的根本问题。教育与生产劳动相结合是建设社会主义国家、培养社会主义建设者和接班人的必然要求。劳动观培养直接决定了社会主义建设者和接班人的劳动精神面貌、劳动价值取向,有助于劳动技能水平的提升。由于一些地方和高校长期缺乏劳动观培养,导致部分大学生缺乏对劳动的正确认知,缺乏艰苦奋斗的精神,缺乏对劳动人民的情感,甚至缺乏基本的生活自理能力和生存能力。新时代

---

❶ 庄西真.新时代 新挑战 新职教[J].教育与职业,2018(15):6-8.
❷ 《党的十九大报告辅导读本》编写组.党的十九大报告辅导读本[M].北京:人民出版社,2017:207.

大学生劳动观培养有助于大学生深刻领会劳动创造了人类社会，劳动人民是推动社会进步的根本力量这一唯物史观的基本原理，认识到劳动是推动社会从低级到高级不断发展的推动力。劳动观培养有助于培养大学生尊重体力劳动者和普通劳动人民，懂得珍惜人民的劳动成果，形成对劳动人民的情感。劳动观培养有助于培养大学生艰苦奋斗的精神。艰苦奋斗是中华民族的传统美德，中华文明之所以能够源远流长，来自一代代中国人民在改造自然改造社会的过程中付出的艰苦卓绝的努力。劳动观培养有助于真正激发大学生的创业精神，弘扬"劳模精神"和"工匠精神"，掌握最新知识、最新科技、最新技术成果，成为中国特色社会主义事业发展的有用人才。

2.3.3 有利于大学生形成奋斗幸福观

党的十八大以来，习近平总书记对奋斗和幸福的关系进行了多次论述，他提出"幸福都是奋斗出来的""只有奋斗的人生才称得上幸福的人生""奋斗本身就是一种幸福"等观点，习近平总书记关于奋斗幸福观的论述抓住了劳动的本质，是马克思主义劳动思想的进一步深化和发展，为大学生劳动观培养指明了方向。

第一，有利于大学生深刻地理解奋斗幸福观。通过对马克思主义劳动理论的学习，大学生可以更好地理解幸福不是虚幻的存在，也不是坐享其成，而是通过不断的辛勤劳动创造出来的，是实践的产物。马克思对人的本质做了深入的分析，他指出劳动是人的类特性，肯定了劳动对人的重要作用，教育与生产劳动相结合是人获得自由而全面发展的根本途径，肯定了劳动是人的第一需要，赞扬了劳动在实现幸福生活的重要作用。大学生劳动观培养有助于大学生理解奋斗是幸福的源泉。幸福是在劳动过程中实现的，脱离了人的类本质的幸福不是长久的和发自内心的幸福，劳动创造是人实现幸福的根本途径。奋斗是劳动的一种表达形式，奋斗蕴含着人们在艰苦条件下人的主观能动性。人们通过不懈地劳动不仅创造出财富和生存条件，也获得了幸福。奋斗使人的幸福变得持久且稳定，是一种通过创造而获得的成就感。奋斗为幸福生活提供了坚实的物质基础，马克思认为物质决定意识，如果没有劳动创造的物质财富，人们也无法获得精神上的解放和生活上的闲暇，奋斗为美好生活提供了物质的可能性和现实性。奋斗是一个过程，在奋斗的过程中也是实现幸福的过程。在马克思的理论视野中，劳动对人有三重含义：生存的意义、发展的意义和享受的意义。三重含义彼此相连又相互依存，人通过有意义的积极的劳动，将会在奋斗中不断实现满足主体的生存需要，获得自身的发展，同时获得主体力量实现的幸福和愉悦感。大学生劳动观培养要在理论层面厘清奋斗与幸福的关系，让大学生树立为幸福而奋斗，在奋斗中谋取幸福的观念。

第二，有利于树立人生幸福需要奋斗的幸福观。人生的幸福在于实现梦想，每个人都有自己的梦想，而梦想不会自动生成，只有通过不懈地奋斗才能实现。奋斗幸福观的培养需要使大学生认清人生之所以需要奋斗，是因为梦想具有艰巨性，每个人的梦想都是为了追求美好的生活，美好的生活必须通过不断的努力才能实现。这个过程并不是一帆风顺的，需要个人付出巨大的努力，并且奋斗是一个长期的过程。很多大学生对奋斗幸福观认识不清，真正的幸福体现在奋斗的过程中，而不是只在于结果。大学生要在奋斗中感受幸福，在奋斗中创造幸福，在奋斗中分享幸福。人的一生中，大学阶段是追求梦想的黄金时期，众多幸福的人生表明，青年时期，选择奋斗便是选择了收获与成功。只有选择奋斗的人生才称得上幸福的人生，教育大学生树立奋斗幸福观，不仅是对大学生的人生负责，也是实现人生价值的重要一课。

第三，有利于树立为中华民族伟大复兴而奋斗的幸福观。真正的幸福不仅是个人的成功，更是国家的繁荣富强。教育大学生为中华民族伟大复兴而奋斗是劳动观培养的应有之义。中国梦是每一个中国人的共同梦想，只有国家兴旺发达，个人才能有追求幸福的可能。回顾中国近代以来的历史，当国家、民族遭受侵略，人民的生命受到威胁、财产遭到掠夺，个人的追求和理想则无从谈起。教育大学生具备家国情怀，形成有国才有家的大局观，是劳动观培养的重要方面。中华人民共和国成立以来，经过全国人民的不懈奋斗，我国取得了巨大的成就。尤其进入中国特色社会主义新时代，我们比任何历史时期更接近于实现中华民族伟大复兴的奋斗目标。大学生奋斗幸福观的形成必须紧密结合时代。行百里者半九十，中国特色社会主义已经取得了巨大成就，但仍面临着经济增长放缓、人均GDP排名在世界各国中不高、贫富差距较为明显、生态环境历史欠账较多等问题。大学生劳动观培养有助于大学生确立为中华民族伟大复兴而奋斗的幸福观，使大学生勇于创新、不懈奋斗，努力解决发展中存在的问题。

3 新时代大学生劳动观培养的理论基础及思想来源

新时代大学生劳动观培养需要以马克思主义的劳动思想及马克思主义中国化理论成果中的劳动思想为指导,并汲取中华优秀传统文化关于劳动的思想。这为新时代大学生劳动观培养提供了坚实的理论基础和思想来源,有助于新时代大学生劳动观培养取得良好效果。

3.1 马克思主义的劳动思想

马克思主义的理论是被实践证明了的科学的理论,具有基础性、理论性和指导性。深入挖掘马克思主义的劳动思想及教育思想不仅可以为新时代大学生劳动观培养奠定理论基础,也为大学生劳动观培养指明了方向。

3.1.1 劳动创造了人和人类社会

是什么促使人脱离动物世界转变成为了有意识的社会人?马克思认为,人既具有自然属性,也具有社会属性,是自然属性和社会属性相统一的存在。真正能够体现人的存在的是人的社会属性。劳动是使人从自然的存在转化为社会的存在的中介,在形成人和人类社会过程中,劳动具有本体价值。

第一,劳动使人类摆脱了最初的动物状态。劳动使人从自然界中分离出来,实现了"人化自然"。劳动是联结人与自然界的中介,在人类摆脱对自然界的依赖关系中发挥着至关重要的作用。首先,劳动使人脱离自然界的束缚后,又重新建立起了与自然界的联系。在人与动物区分开后,人以劳动为中介与自然界建立起能动的联系,区别于动物式的简单获取,人通过劳动从自然界中获得吃、穿、住等生活资料,并且以此为基础开展政治、经济、文化等各种活动。其次，劳动为人类创造了"人化自然"的环境。人类的生存空间是经过人类加工的自然环境，为了创造适合人类生存的环境，人类通过劳动逐渐改变自然环境，使之适合人类生存。随着人类改造自然的能力逐渐增强，自在的自然环境逐渐减少，人化的自然环境则普遍存在，这也反映了人类劳动的创造性和普遍性。最后，劳动推动猿脑向人脑转变。恩格斯认为劳动以及在劳动中形成的语言共同推动着猿脑向人脑的转变，同时人脑的发育及其感觉器官的发育进一步推动了语言及人的抽象思维和推理能力的提升，最终形成了完整的人。随着劳动、语言、脑的发育及其功能的完善，人们之间的社会交往逐渐增多，从而结成了社会关系，形成了社会，人最终从动物界中分离出来。

第二，劳动促进人类社会的形成。从自然界中进化而来的人，如果单就其生理机能来说已经具备了人的所有生物特征，比如，直立行走、灵活的手、发达的人脑等。但是人之所以为人，并不在于生物特征上与动物的区别，而主要在于人具备社会属性。人在摆脱动物界后进入社会，转变为社会人，才能称为真正的人。在一定的社会关系中，人的本性得以提升，而一定社会关系的建立则有赖于人的劳动。劳动创造的财富满足了人类生存的第一个前提。在物质生产满足了人的基本生活需求后，人就会产生繁殖的需求，从而形成家庭，随着新的需求的增长，生成了人与人之间的更广大的社会关系，马克思称为"许多个人的共同活动"。因此，人们从事物质资料的生产与他所处的社会关系密不可分，两者相互促进，相互发展。正是通过生产劳动而形成的社会关系，生物人才得以转变为社会人。因此，一定的物质资料的生产方式决定了人们的生活方式以及在一定社会中呈现的整体状态。劳动不仅完成了生物人转变为社会人的过程，也促进了人类社会的形成。因为，在社会生活中，劳动作为人的社会性存在方式，必然与他人有内在的相连，并且通过劳动分工得以实现。人们通过物质生产结成一定的生产关系，总之，物质资料的生产推动着人类社会的关系不断丰富和扩大，结成了政治生活、经济生活、文化生活等社会关系，进而促进了人类社会的形成与发展。

第三，劳动确证了人的本质。马克思指出动物只是依据本能来维持自身的生存，其行为受本能的驱使，下意识或无意识占据了动物的绝大部分行为。人的类特性是自由的有意识的活动，是一种活动能力，人的主动性的根源，表现为人的类本质。人的这种意识性是建立在客观的对象性活动的基础上的，而不是黑格尔所阐述的意识实体是人的本质。黑格尔的精神哲学，颠倒了存在和意识的先后关系。马克思认为人的意识具有非物质性，但意识却有内在的自觉性，它放弃抽象才能达到的它的对立面的本质——自然界。正是人通过有意识的对象化劳动过程，人才实现了自己的本质。马克思对这种自由而有意识的活动进行进一步考察，他指出人的这种活动是人的类特性并且通过生产生活表现出来。至此，马克思把人的本质特性与生产生活联系起来，表明人的本质在生产实践活动中不断生成。人通过不断对象世界的改造，把自己的生命对象化。生命的对象化体现为劳动者把自由而有意识的活动凝结在了产品中。这种对象化是一种有目的的主体施加于客体的活动，是人的自由而有意识的活动的类特性的表现形式。在《1844年经济学哲学手稿》中，马克思以经济学和哲学为切入点对劳动进行了抽象的人本主义解读，但此时的"抽象"的劳动是建立在唯物主义基础上的本体论意义上的劳动。随后，马克思对劳动进行了历史的、具体的分析研究。劳动的实质是有目的的改造世界的生产实践活动，正因为这种生产实践活动必然表现为社会性，人的本质就表现为社会性。通过劳动，人与自然、人与社会建立了广泛的联系，为意识的形成和发展提供了素材，为语言的形成提供了来源。人的本质是社会关系的总和，而社会关系的形成则是人们在劳动的过程之中形成的，人们经过劳动建立起了广泛的经济关系、政治关系、法律关系、宗教关系等。因此，劳动不仅创造出了人特有的生物特性，也创造了人特有的社会属性，人的本质是一切社会关系的总和的论断与劳动确证人的本质具有内在一致性。

3.1.2 劳动推动人类社会的进步和解放

马克思、恩格斯立足于历史唯物主义，阐明一切社会生活都是建立在满足人的物质生活需要之上，证明人类的历史是生产劳动的历史，劳动不仅推动人类社会进步，而且将成为人类获得解放的途径。

第一，生产力与生产关系的矛盾运动推动人类社会的进步。生产力指的是劳动者在劳动过程中借助一定的生产工具、运用一定的劳动手段改造自然的能力。生产关系指的是人们在劳动实践的过程中，形成的相互联系的社会关系，包括生产过程中形成的生产、分配、消费、交换等各种关系。其中，所有制关系和分配关系是生产关系中最重要的。马克思、恩格斯把社会关系定义为"人与人之间的关系"，生产关系是社会关系的重要组成部分，也是主导的关系。马克思、恩格斯提出了生产关系一定要适应生产力发展的要求、生产关系对生产力具有反作用力的规律的理论。基于生产力和生产关系的矛盾运动，马克思、恩格斯通过分析指出经济基础决定上层建筑，上层建筑反作用于经济基础。他们把唯物主义贯穿于社会历史的研究之中，从而实现了认识论上的历史性的转折。马克思、恩格斯揭示了生产力、生产关系、上层建筑三者的关系，认为生产力发展水平决定了物质生产方式，进而决定了社会生产关系，这是理解整个历史的基础。从生产关系出发形成了与之相适应的社会制度和意识形态，同时这些上层建筑也对生产力和生产关系具有反作用。生产力和生产关系的矛盾运动，具体表现在不断推动着人类社会形态的演进。马克思、恩格斯根据人们所处的社会关系，将人类社会划分为人的依赖性社会、物的依赖性社会和个人全面发展的社会。在前资本主义社会阶段，个人表现为不独立，从属于社会共同体之中。个人在共同体内的地位处于自由与依附、支配与被支配的关系。随着生产力的发展，旧的生产关系与生产力发展水平已经不相适应时，社会形态向"以物的依赖"的社会形式发展，也就是资本主义社会形式，建立起了资本主义雇佣制度。这种制度表面上公平，但实质只是由对人的依赖转变成了对物的依赖，作为底层的工人仍然摆脱不了被当作机器、奴隶的命运。只有在生产力高度发展的共产主义社会，人才能实现自由而全面的发展，生产关系呈现完全的平等，生产关系能完全适应生产力的发展要求。社会成员之间也不存在对人的依赖和对物的依赖，而是完全处于自由平等的关系。

第二，通过劳动将实现人类的解放。而且人们普遍厌恶劳动，在生产劳动中人们像躲避瘟疫一样躲避劳动，这显然有悖于劳动的本真，马克思把这种劳动称为"异化劳动"。在资本主义社会，异化劳动普遍存在，劳动表现在人同自身的关系上、人同自然的关系上、人同人的关系上的异化。异化劳动给自然界带来严重的破坏，资本主义为了追求利益，造成了人与自然之间的对立和背离。异化劳动使人与人的关系遭到破坏，在资本主义社会，随着生产力的发展，资本主义私有制条件下的阶级对立将达到顶点，消灭私有制，建立共产主义就成为必然的历史结果。共产主义是社会发展合乎逻辑的结果。生产力和生产关系的矛盾运动的结果就是消灭私有制，实现生产资料的公有制，最终彻底改变人们的"交往方式"和"过去的生产"，从而实现共产主义。在共产主义社会里，生产力高度发达，社会将变成自由人的联合体，劳动将由阶级社会的强制活动变成自由自觉的活动，是人们全面发展的需要。

3.1.3 教育必须与生产劳动相结合

马克思指出教育与生产劳动相结合是大工业生产发展的必然趋势。唯物史观认为生产方式制约着整个社会的生活，同样也制约着教育和生产劳动的相互关系。在资本主义大工业生产以前，生产力水平相对低下，学校不需要对劳动者进行专门的劳动教育，生产劳动的经验和技能通过师徒制或者父传子的形式世代相传。学校教育是为脱离直接生产劳动的阶级而服务的，不需要与生产劳动相结合。在资本主义社会之前，学校教育与生产劳动相分离，既有生产力水平低下的原因，也有阶级对立的原因。随着资本主义的发展，进入工业社会以后，资本主义的生产方式需要大量懂技术的工人，正是在资本主义大工业发展的背景下，马克思主义的教育与生产劳动相结合的思想被提出来了。

马克思所谓现代社会指的是资本主义社会，教育与生产劳动结合之所以能够改造资本主义社会，是因为这种结合能够保护工人阶级的后代，提高他们的思想觉悟和劳动技能。机器的使用给妇女和儿童身心健康带来了严重损害，他们沦为"资本积累的简单工具"。强调教育与生产劳动相结合就是开发他们的智力，使工人"不受现代制度破坏作用的危害"，接受教育的无产阶级将成为改造资本主义社会的强大力量。同时，教育与生产劳动相结合有助于消除旧的分工，资本主义的工业技术是时代发展的产物，是不断发展的，教育与生产劳动相结合可以促进生产力的发展，有助于消灭旧分工并推动资本主义社会生产的矛盾发展，是推动资本主义向社会主义过渡的一项重要措施。

教育与生产劳动相结合可以提高劳动者的素质，进而提高社会生产力。劳动过程由生产资料、生产对象、劳动者三个部分组成。一定社会条件下的生产力水平，生产资料和劳动对象是相对不变的，但是劳动者的素质却可以获得较快的提升，因此，生产力水平的发展，劳动生产率的提升，有赖于劳动者素质的提高。随着大工业的进一步发展，科学技术在生产力中的发展作用越来越明显，智力因素的作用越来越得以凸显。恩格斯在考察英国大工业生产发展状况后指出，几乎包括工业在内的所有工作都需要相当的文化程度。恩格斯指出，在消灭私有制以后，将工农业水平提高到高水平，也就是说提高生产力水平需要通过教育与生产劳动相结合提高劳动者的劳动能力。

教育与生产劳动相结合是培养全面发展的人的唯一方法。马克思、恩格斯汲取了约翰·贝勒斯、卢梭、欧文等人的合理思想，提出了自己独特的教育与生产劳动相结合的思想。马克思、恩格斯从社会发展和工人阶级的角度指出必须摒弃资本主义对儿童的摧残和剥削，以保护和培养工人为出发点实行教育与生产劳动相结合，可见，马克思把教育与生产劳动相结合视为推动社会发展的关键因素之一，视其为改造社会的最有力手段之一，也是培养全面发展的人的根本途径和方法。随着社会的发展，现代社会对劳动者的生产技能和文化水平要求逐步提高，劳动者的素质决定了一个国家的发展水平与潜力，证明了马克思主义的教育与生产劳动相结合理论的科学性。由于历史条件的限制，马克思和恩格斯没有具体论述社会主义条件下教育与生产劳动相结合的细节，但却给我们指明了教育的方向，奠定了劳动观培养的理论基础。

3.2 中华优秀传统文化关于劳动的思想

中华民族自古就是一个勤劳的民族，勤劳是中华民族的优良传统，勤劳的中国人民创造了辉煌的中华文明史。继承辛勤劳动的传统美德也符合马克思主义劳动观与时俱进的发展要求。学习和借鉴中华优良传统文化中关于劳动思想及劳动教育思想，有助于结合民族特点和中国实际开展新时代大学生劳动观培养。

3.2.1 "人生在勤，不索何获"

勤俭节约是中华民族的传统美德，也正因为崇勤克俭的风尚，中华文明才能源远流长。中华民族很早就认识到辛勤劳动是立身之要，辛勤劳动是立民之本、立国之基。勤劳是一个人安身立命的重要基础和条件，古人强调："修身、齐家、治国、平天下"，推崇通过勤奋学习和辛勤劳动以达到建功立业的人生目标。"头悬梁，锥刺股"便是古人刻苦学习的真实写照，张衡在《应闲》中指出："人生在勤，不索何获。"❶无论是张衡还是苏秦亦或

---

❶ 范晔. 后汉书[M]. 河南：中州古籍出版社，1996：572.

是孙敬都通过刻苦学习获得了巨大的成就,用实践证明了勤学的重要性。古人不仅崇尚勤学而且讲求知行合一,荀子在《劝学》、《修身》等篇章中多有论述,他指出:"君子之学也,入乎耳,箸乎心,布乎四体,形乎动静;端而言,蝡而动,一可以为法则。小人之学也,入乎耳,出乎口,口耳之间则四寸耳,曷足以美七尺之躯哉!古之学者为己,今之学者为人。君子之学也,以美其身,小人之学也,以为禽犊。"❶可见,知识的学习在于应用,而不是"入乎耳,出乎口",与自己的行为不相干。这实际是对孔子"为己之学""为人之学"的阐发。孔子更是强调知行合一、善思重行,"学而不思则罔,思而不学则殆"❷表明思考和学习相互结合的重要性,可见儒家十分重视勤学并且注重对知识的实践应用。传统的知识分子把修身、立业作为自己的天职,不图享受也是他们勤劳品质的体现。孔子曰:"士而怀居,不足以为士矣。"❸古人对有志之士和君子的要求是珍惜时间,不虚度光阴、不贪图安逸,尤其对青年的要求更是殷切,汉乐府《长行歌》写到:"少壮不努力,老大徒伤悲",时至今日也用来激励青年人发愤图强,早日建功立业。勤劳是立民之本、立国之基,只有全体人民勤劳,国家的管理者勤劳,才能使国家兴旺发达。"民生在勤,勤则不匮"❹反映了古代人民很早就认识到了辛勤劳动对民生的重要性,人民只有辛勤劳动才能实现衣食无忧的生活,劳动是创造财富的源泉。墨家学派的创始人墨子认为不劳动是不道德的行为,应受人们的指责。墨子十分重视农业劳动、科学劳动,他创立的学派不仅在农业实践方面取得了重要成就,而且达到了中国当时科学技术的高峰。管仲是春秋时期法家代表人物,他指出:"人惰而侈则贫,力而俭则富"❺,很好地诠释了立民之本在于勤,只有人民勤劳且节俭才能富足。中华民族五千年的历史很好地证明了"历览前贤国与家,成由勤俭败由奢"❻的观点,凡是在中国历史上兴盛的时期,都是勤俭的朝代,如西汉文景之治、东汉光武中兴、隋朝开皇之治、唐代贞观之治、唐代开元盛世、清代康乾盛世等。开创盛世与繁荣局面不仅有像汉武帝、唐太宗、康熙这样的明君勤于理政,推行开明政策,也有像商鞅、诸葛亮、魏征、范仲淹等一批为国为民操劳的能臣、忠臣。孟子曰:"上有好者,下必有甚焉者矣。"❼历代推崇勤俭的勤政者不但使国家兴旺富强,而且使勤奋的思想深入中华民族的血脉之中。

3.2.2 "宁俭勿奢"

勤与俭往往相伴而生,因为只有通过辛勤劳动去创造财富,才能懂得财富的来之不

---

❶ 方勇,李波译注.荀子[M].北京:中华书局,2015:8.
❷ 杨伯峻.论语译注[M].北京:中华书局,2017:23.
❸ 杨伯峻.论语译注[M].北京:中华书局,2017:206.
❹ 郭丹,程小青,李彬源译注.左传(中册)[M].北京:中华书局,2012:805.
❺ 黎翔凤.管子校注(下)[M].北京:中华书局,2004:1170.
❻ 安焕章.李商隐诗歌导读[M].扬州:广陵书社,2015:188.
❼ 杨伯峻.孟子译注[M].北京:中华书局,2012:121.

易,也才能更加懂得珍惜劳动成果。早在先秦时期,很多思想家倡导节俭,孔子尊崇周礼,提出"奢则不孙,俭则固。与其不孙也,宁固。"❶孔子反对骄奢,提倡节俭,墨子也有同样的观点。墨子提倡实用的主张,针对铺张浪费的社会现象予以批评,他提倡"节葬""节用"等主张。墨子指出:"夫妇节而天地和,风雨节而五谷孰,衣服节而肌肤和。"❷充分肯定了节俭的作用,对于家庭而言,夫妻节俭,家庭和顺;对于四时而言,按照节气运行,则会五谷丰登;对个人而言,穿衣服有节制,可以保护肌肤。崇尚节俭,反对奢侈浪费是华夏民族的传统美德,古人对俭有着深刻的理解,俭可以养德,俭可以持家,俭可以治国。对于个人而言,俭可以养德,许多思想家把俭作为个人的美德加以强调,《周易》有云:"天地不交,'否'。君子以俭德辟难,不可荣以禄。"❸这一卦象指出厉行节俭可以避免灾祸。管子也有同样的观点,认为厉行节俭可以带来福祉,而骄奢则会带来祸患。诸葛亮认为:"夫君子之行,静以修身,俭以养德。非淡泊无以明志,非宁静无以致远。"❹可见,俭对于个人品质的培养具有重要的作用。对于家庭而言,勤俭可以使生活富足,古代生产力相对低下,而节俭可以使劳动成果尽可能发挥作用,司马光指出:"取之有度,用之有节,则常足。"❺勤俭引导人们形成正确的消费观念,也是长期以来中华民族辛勤劳动,懂得劳动成果来之不易的结果。勤俭的作风使人民能够满足日常需求,不断繁衍生息,成为指导人们节俭消费的优良传统。对于一个国家而言,俭可以达到治理国家的目标。俭有助于国家财富的积累,有助于国家综合实力的增强。尚书指出:"慎乃俭德,惟怀永图"❻,可见古人早已认识到节俭对于一个国家的昌盛起到至关重要的作用。孔子曰:"道千乘之国,敬事而信,节用而爱人,使民以时。"❼司马迁说:"盖闻治国之道,富民为始;富民之要,在于节俭。"❽可见,节俭是治理国家,使人民生活富足的重要准则之一。崇勤克俭的风尚在中华大地上长盛不衰,是由中华民族勤劳的品质所决定的。

3.2.3 "天行健,君子以自强不息"

艰苦奋斗是中华民族的传统美德,是劳动精神的体现。任何文化传统都有其哲学思想作为基础,自强不息的艰苦奋斗精神也有其哲学基础,"以人为本"是将人视为中心与根本的哲学思想。只有将人视为万物之灵,才能看到人的潜力与力量,将人的主观能动性激发出来。在处理宗教和人的关系中,中国很早就倾向把人作为根本,从西周开始,中国文化

---

❶ 杨伯峻.论语译注[M].北京:中华书局,2017:110.
❷ 方勇译注.墨子[M].北京:中华书局,2015:43.
❸ 杨天才,张善文译注.周易[M].北京:中华书局,2011:126.
❹ 诸葛亮.诸葛亮集[M].北京:中华书局,2014:28.
❺ 司马光.资治通鉴(四)[M].北京:中华书局,2007:2899.
❻ 王世舜,王翠叶译注.尚书[M].北京:中华书局,2012:397.
❼ 杨伯峻.论语译注[M].北京:中华书局,2017:5.
❽ 司马迁.史记(四)[M].北京:中华书局,2011:2576.

从以神为本转向以人为本。《左传》中提到"天道远，人道迩"❶，表明天人相分离，更加重视人的作用。儒家学派也重视人的作用，孔子指出："未能事人，焉能事鬼？"❷重视人的本体作用是艰苦奋斗的基础，人可以充分发挥主观能动性，不屈从于外界的有限条件，通过自身的努力创造更加美好的生活。中华文化保留着艰苦奋斗的基因，周易有云："天行健，君子以自强不息。"❸说的就是君子需要不断奋斗以取得进步。老子曰："千里之行，始于足下。"❹可见，成就一番事业必须从一点一滴的小事做起。荀子曰："学不可以已。"❺同样表达了生命不息、奋斗不止的艰苦奋斗精神，朱熹也指出："学者自强不息，则积少成多；中道而止，则前功尽弃。其止其往，皆在我而不在人也。"❻先贤对艰苦奋斗的理解不仅停留在个人修身的目标上，而且具有忧国忧民的情怀，他们一直以实现"天下大同"的梦想为己任，秉持着"劳苦之事则争先，饶乐之事则能让"❼的行事准则，努力实现对美好生活的向往。

中华民族的发展史是一部奋斗史，在中国五千年的文明史中，无数仁人志士为实现国家的富强和民族的振兴而奋斗。在原始社会阶段，先民与自然环境斗争，用自己的劳动创造了适合人类生存的环境，使民族基因得以延续。在文明的演进中，难免遇到挫折，但总有人站出来力挽狂澜，他们"先天下之忧而忧，后天下之乐而乐"，不畏艰险、勇敢拼搏，创造了灿烂辉煌的古代文明，使中华文明不至于像许多其他文明一样消失在历史的长河之中。这期间涌现出许多艰苦奋斗的典型人物，如越王勾践卧薪尝胆、岳飞抗金、戚继光抗倭等事迹。毛泽东指出："我们民族历来有一种艰苦奋斗的作风，我们要把它发扬起来。"近代以来，中国共产党发扬艰苦奋斗的优良文化传统，在敌我力量对比悬殊、生存条件极为艰苦的情况下，依靠群众、自力更生，大力发展生产保证了党的革命事业的成功。党带领广大人民群众团结一心，努力拼搏，经历从站起来、富起来到强起来的历史阶段，靠的仍然是艰苦奋斗的优良劳动传统。今天，中国正逐步走向世界舞台的中央，我们仍然要继续发扬艰苦奋斗的精神，在党的领导下，通过中国人民的辛勤劳动实现中华民族的伟大复兴。

3.2.4 "夙夜在公"

无私奉献的精神实质是为了实现某一事业或理想而不计个人得失，无偿付出自己的劳动和一切利益的品质，其核心是处理个人与集体、社会的关系问题。无私奉献既是一个历

---

❶ 郭丹，程小青，李彬源译注.左传(下册)[M].北京：中华书局，2012：1857.
❷ 杨伯峻.论语译注[M].北京：中华书局，2017：162.
❸ 杨天才，张善文译注.周易[M].北京：中华书局，2011：8.
❹ 王弼.老子道德经注[M].北京：中华书局，2011：170.
❺ 方勇，李波译注.荀子[M].北京：中华书局，2015：1.
❻ 朱熹.四书集注[M].湖南：岳麓书社，2004：129-130.
❼ 方勇，李波译注.荀子[M].北京：中华书局，2015：18.

史的范畴，也具有普遍价值。中华民族的无私奉献的品质来源于德性文化教育的结果。中国传统文化讲求通过自己的劳动实现"立德、立功、立言"，而"立德"是最大的人生成就。《周易大传》指出："敬以直内，义以方外"❶，说明为人要与道德准则相符合。儒家学派提出："志士仁人，无求生以害仁，有杀身以成仁。"❷可见，人们为了实现道德理想可以牺牲生命。儒家提出的"三纲领八条目"是君子致力于追求的目标，道家则讲求隐世修身，达到"至人无己，神人无功，圣人无名"的境界。正是千百年来的德性文化造就了中华民族无私奉献的品质，培育出一批心系苍生的君子，他们或忧国忧民拯救时世，或克己复礼超越功名，或争做圣人锤炼理想人格。

中华民族的奉献品质包括积极的入世精神、重义轻利的节欲观、追求理想人格的"内圣"精神。在古代神话故事中，有女娲不辞辛苦炼石补天，神农氏尝百草等传说，还有大禹治水三过家门而不入的故事，都反映了人们追求积极入世，崇尚公而忘私为民造福的无私奉献的品质。《诗经》强调："夙夜在公"，《墨子》强调："举公义"。先秦诸子很多学派强调积极入世，为国为民辛勤劳动的奉献精神和品质，春秋"士"阶层的出现，不仅是个人谋生的手段，也反映了当时有识之士以天下为己任的责任感。孔子是当时的代表，他表示："苟有用我者，期月而已可也，三年有成。"❸在孔子54岁的时候，他带领弟子周游列国，不辞辛苦，过着颠沛流离的生活，但是为了苍生，为了自己的社会责任，他没有丝毫怨言。墨家学派强调辛勤的劳作，提倡"摩顶放踵利天下，为之"❹的奉献精神。墨子利用自己的知识带领门徒亲自参加了阻止楚国攻宋的战争，反映了积极入世的奉献品质。法家也积极倡导用法的思想推动社会变革。重义轻利的节欲观是中华民族长期形成的品质。关于义利观有着长久的争论，以儒家为正统的代表观点是："君子喻于义，小人喻于利。"❺孟子主张去利怀义，荀子主张先义后利，墨子主张义利并重。董仲舒奉儒家思想为正统，他强调："正其谊不谋其利，明其道而不计其功"的义利观，及至宋明理学提出了极端的"存天理，灭人欲"的义利观，使义利形成绝对的对立。中华民族的重义轻利的节欲思想，渗透着一种看重整体利益的奉献精神，去除其维护封建统治的消极因素，是一种值得提倡的品质。中华民族往往将奉献精神与追求圣人的理想人格相统一，希望最大限度地实现自我、提升自我，把"圣人"的人格作为自己的行事准则。孔子的"君子"论，孟子的"大丈夫"论，无不渗透着成为"圣人"的目标，而要具备理想的人格，必须讲求奉献，因为只有在不断为社会和他人做贡献的同时，才能实现自身的价值和践行道德的要求。古代仁人志士时刻践行着"杀生成仁""舍生取义""民胞物与"等思想，反映出一种时刻为民族，为国家，为人民奉献与实现理想人格相结合的"内圣"精神。

---

❶ 王弼.周易注校释[M].北京：中华书局，2012：14.
❷ 杨伯峻.论语译注[M].北京：中华书局，2017：231.
❸ 杨伯峻.论语译注[M].北京：中华书局，2017：194.
❹ 杨伯峻.孟子译注[M].北京：中华书局，2012：345.
❺ 杨伯峻.论语译注[M].北京：中华书局，2017：55.

此外，在漫长而悠久的中国教育史中，劳动教育一直受到思想家和教育学家的高度重视，古代的许多劳动教育思想，对今天的劳动教育仍然具有重要的借鉴意义。墨家重视劳动教育，墨子集中论述了劳动教育思想。他提倡辛勤劳动，指出："赖其力者生，不赖其力者不生。"❶人与动物的区别是人有生产的能力，人通过自己的辛勤劳动可以获得生产资料。墨子在长期的劳动实践和教学中重视帮助兼士获得实际本领的能力，高度重视科学和技术教育，说明墨子的劳动教育思想不仅强调辛勤劳动，还强调有技巧地和创造性地劳动。"墨家的自然科学教育有很高的造诣，涉及数学、光学、声学、力学以及心理学等许多方面。"❷墨家是一个来源于劳动群众的团体，其劳动教育思想体现了尊重劳动人民，尊重科学技术的理念，在当时的历史时期是较为先进的教育理念。汉初，统治者吸取了秦灭亡的教训，实行休养生息的"黄老"政策，重视知识分子的作用，允许开办私学及私人收藏书籍，同时对人民的日常生活和生产活动减少了干预，人民的劳动热情和社会经济水平得以恢复。在西汉末期，著有专门的农业书籍《氾胜之书》，反映了西汉对劳动教育的重视，开创了中国关于农作物耕种专门论述的先例。东汉王充批判了董仲舒所倡导的神学化的儒学体系，从朴素的唯物主义观出发，提倡学以求知，王充指出："所谓'圣'者，须学以圣"❸，用实践检验真知，"事莫明于有效，论莫定于有证。"❹王充充分肯定了实践对于掌握真知的重要性。魏晋南北朝时期，由于社会动乱、朝代更替频繁，人们更加重视谋生的重要性，颜之推便从"利"的角度出发强调技能的重要性，他广采众家之长，在教育内容方面，除了书本知识，还包括书、数、医等各种技艺。颜之推从自身的经历出发，重视农业生产教育，他批评士大夫不参加生产劳动，主张不仅要进行农业知识教育，而且要亲自参加农业劳动生产。明清时期，随着资本主义生产关系萌芽的产生，教育更加务实，崇尚经世之学，反对专制权威，这一时期以黄宗羲为代表的浙东学派，以王夫之为代表的船山学派，以颜元为代表的颜李学派等派别，提出了教育与实践结合的观点。其中颜元的劳动教育思想最具代表性，他认为致知在于习行，人的认知是由行而得，即人的知识必须通过主观感受、思维与客观的实践活动相结合才能得到。强调习行的教育方法，就是必须通过自己亲身的实践才能获得真知，"习"是重复做，"行"是实践的意识，颜元的劳动教育思想是建立在唯物主义哲学观的基础上的，是中国古代社会劳动教育发展的高峰。

---

❶ 方勇译注.墨子[M].北京：中华书局，2015：279.
❷ 孙培青.中国教育史[M].上海：华东师范大学出版社，2008：62.
❸ 黄晖.论衡校释（下）[M].北京：中华书局，2018：943.
❹ 黄晖.论衡校释（下）[M].北京：中华书局，2018：840.

4 新时代大学生劳动观现状分析

全面掌握新时代大学生劳动观的现状，是开展劳动观培养的首要环节。调查发现，新时代大学生劳动观的主流相对正面和积极，但是仍然存在一些问题。针对大学生劳动观存在的问题，分析其原因，有助于增强大学生劳动观培养的效果，对大学生的成长、成才具有重要意义。❶

4.1 新时代大学生劳动观的主流积极向上

4.1.1 具有正确的劳动认知

大学生对劳动认知的正确与否，是否形成了马克思主义的劳动认知，直接影响劳动态度、劳动精神、劳动信念和劳动实践。关于劳动认知，该问卷调查涵盖了劳动的意义、目的、分工三个方面的内容。

---

❶ 为了能够真实地了解和掌握新时代大学生劳动观现状，本研究对大学生劳动观现状进行了问卷调查，调查围绕大学生劳动观及培养现状展开，问卷内容分为三个部分。第一部分是关于学生基本信息的调查。第二部分是关于劳动观现状的调查。从五个维度展开，涉及大学生劳动认知、情感态度、劳动精神、劳动信念、劳动实践等五个方面的内容。第三部分是关于劳动观培养现状及其影响因素的调查。主要涉及大学生劳动观培养的课程、实践活动、社会文化氛围、家庭教育等方面的内容，调查问卷详见附录一。调查学校选取了清华大学、东北大学、大连工业大学、营口理工学院、辽宁建筑职业学院、大连医科大学中山学院、河北大学、燕山大学、天津理工大学、河南工业大学、安徽农业大学、井冈山大学、厦门城市职业学院、嘉庚学院共 14 所高校进行问卷调查。这些高校分布在北京、辽宁、天津、河北、河南、安徽、江西、福建 8 个省市，包含重点高校、普通高校、职业型高校和民办高校 4 种类型的学校，具有一定的代表性。调查对象是全国普通高等院校与高等职业院校在校本、专科大学生，问卷调查时间为 2023 年 1 月 29 日至 7 月 30 日，问卷采用实地调研与网络平台"问卷星"进行发放、作答和回收。问卷采用不记名的形式进行调查，共随机发放问卷 3600 份，剔除无效问卷 71 份，回收有效问卷 3529 份，回收有效率为 98.03%，基本满足样本规模要求，并且样本数量和种类相对均匀。调查对象的基本情况详见附录二。

针对劳动的意义，如果将"非常认同"和"比较认同"归为认同项的话，其中 89.10% 的受访大学生认同"劳动创造了人和人类社会"，88.45% 的受访大学生认同"劳动是财富的源泉"，81.15% 的受访大学生认同"劳动是幸福的源泉"，84.35% 的受访大学生认同"劳动可以实现人的解放，促进人的自由全面发展"，从以上调查结果我们可以看出大学生对劳动的意义认识比较准确，因为该部分内容主要以课堂讲授为主，可以看出传统的讲授法能够将劳动的历史作用很好地教授给学生。在劳动意义的调查之中，关于"劳动是幸福的来源"的问题，81.15% 的认同率较"劳动创造了人和人类社会""劳动是财富的源泉""劳动可以实现人的解放，促进人的自由全面发展"的认同率相对偏低（图 4-1）。可见，相比于劳动对历史和整个人类的意义，大学生认为劳动对个人幸福的意义并不是十分明显，这个现象值得深入分析。

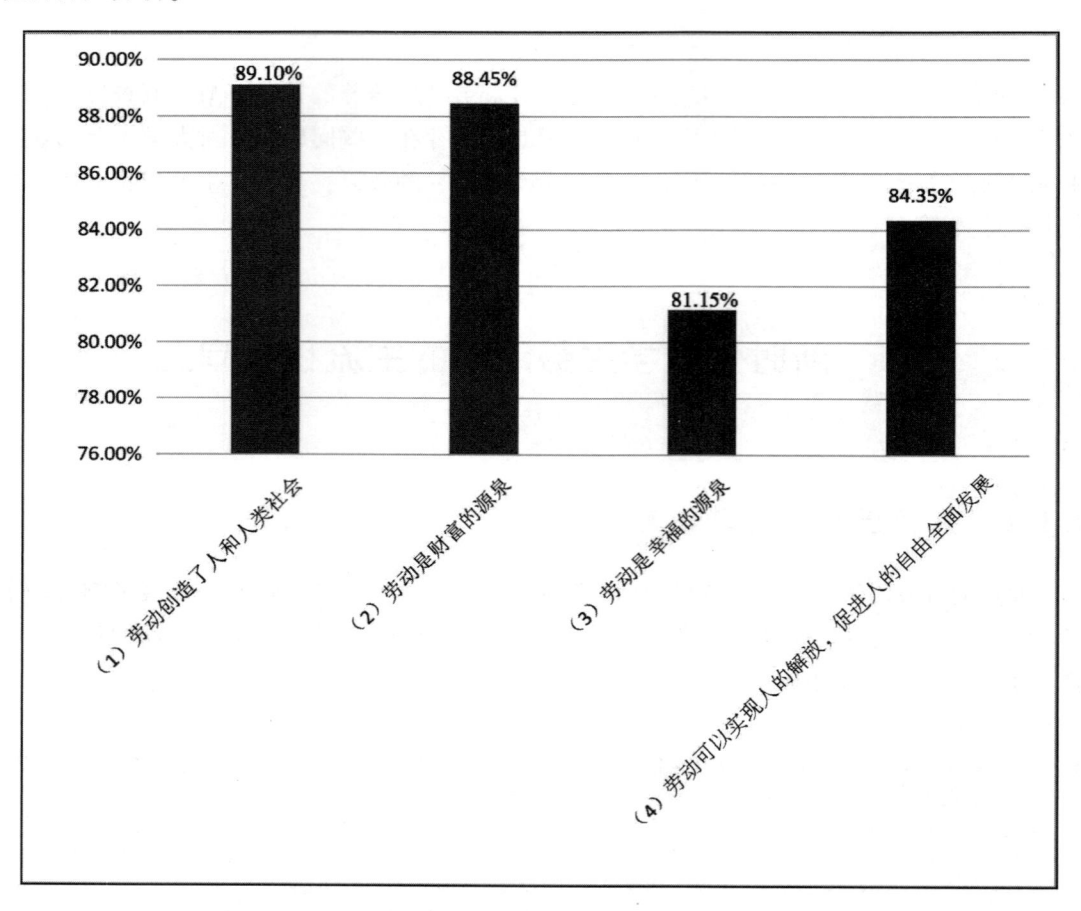

图 4-1 "大学生对劳动意义的认识"调查统计

54.25% 的受访大学生对"劳动最光荣、劳动最崇高、劳动最伟大、劳动最美丽"表示"非常认同"，33.56% 的受访大学生表示"比较认同"，10.66% 的受访大学生表示"中立"，1.09% 的受访大学生表示"不太认同"，0.44% 的受访大学生表示"非常不认同"。这些数据表明，大多数受访大学生赞同"四个最"的劳动价值观，极少数不赞同，可见，受访大学生对新时代劳动价值导向是充分认同的(图4-2)。

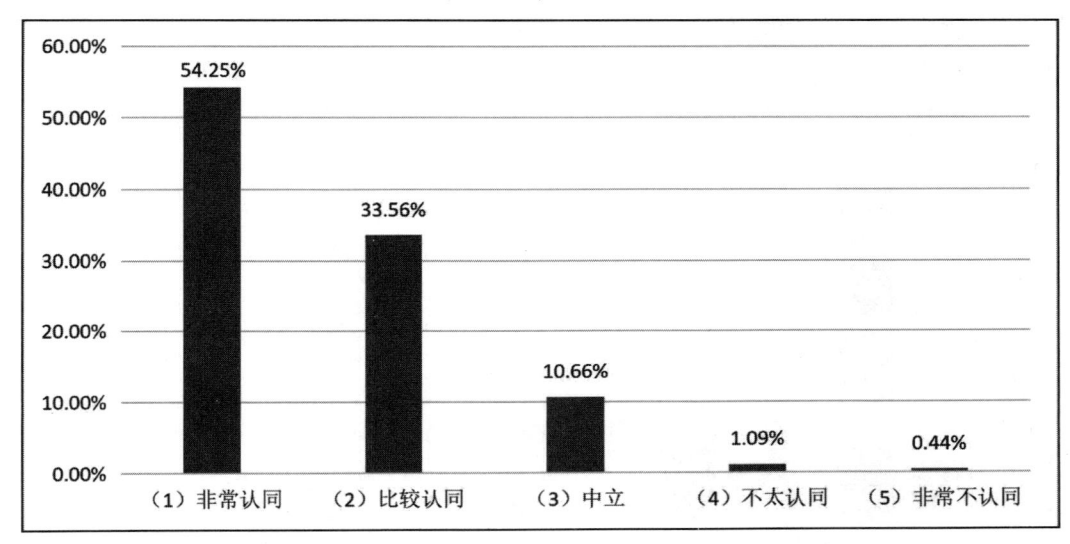

图4-2 "'劳动最光荣、劳动最崇高、劳动最伟大、劳动最美丽'认识"调查统计

针对劳动主要目的的调查显示，38.97%的受访大学生认为劳动是为了赚钱；61.03%的受访大学生认为劳动是为了促进自身发展。从以上调查结果，我们可以分析得出，大学生对劳动目的的认识整体上较为积极，能够认识到劳动的目的不仅仅是赚钱，更多的是促进自身发展。但是从调查中也发现，相比于劳动的意义，大学生对劳动目的的认知存在一定的偏颇，对劳动的主要目的是赚钱的认同所占比例较大，反映了大学生的劳动目的功利性较强(图4-3)。

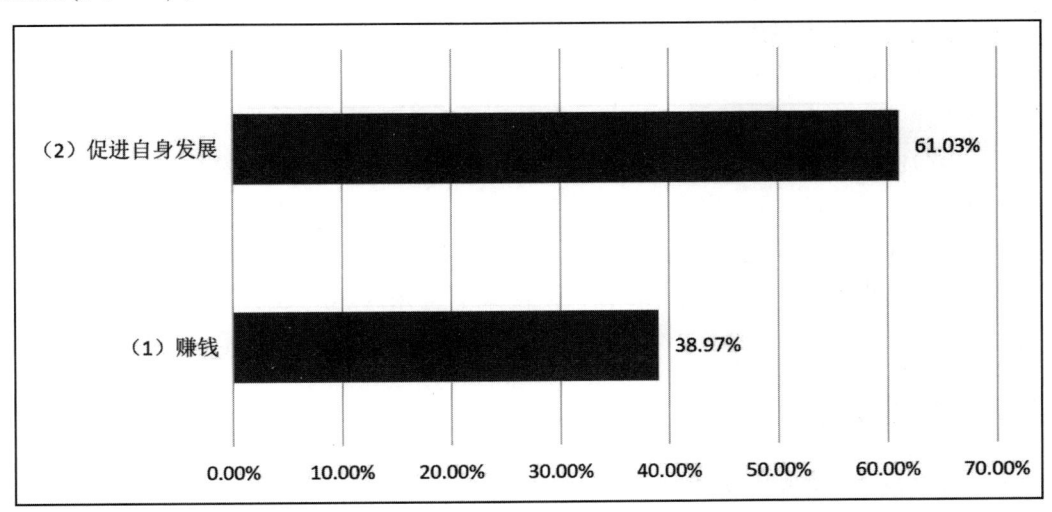

图4-3 "劳动主要目的"调查统计

九成以上受访大学生对"职业只有分工不同,没有贵贱之分,每一位劳动者都应当被尊重"表示赞同。其中,72.33%的受访大学生表示"非常认同",21.74%的受访大学生表示"比较认同",4.86%的受访大学生表示"中立",0.57%的受访大学生表示"不太认同",0.50%的受访大学生表示"非常不认同"(图4-4)。

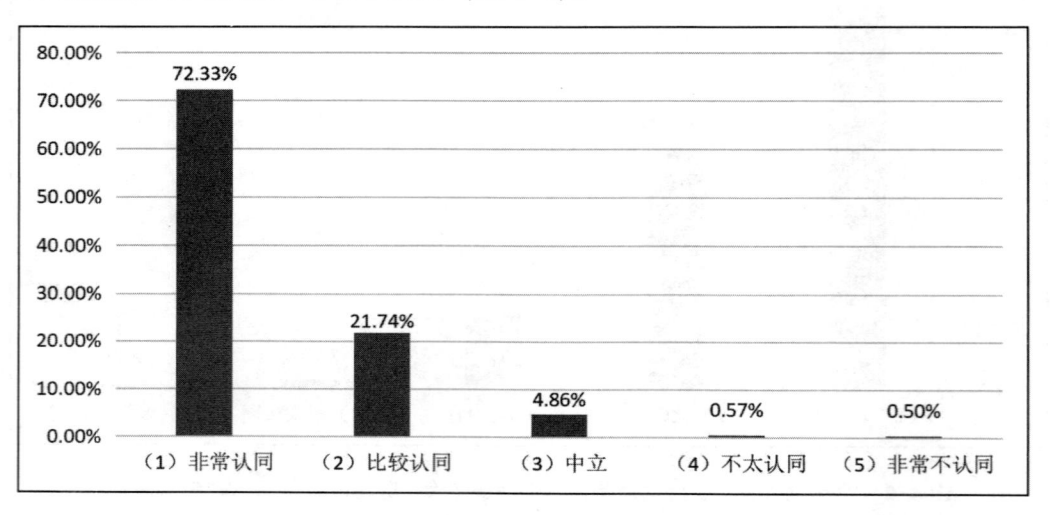

图4-4 "职业只有分工不同,没有贵贱之分,每一位劳动者都应当被尊重"调查统计

党的十八大以来,为实现中华民族的伟大复兴,劳动的作用凸显,与劳动相关的主流话语体系被广泛宣传,劳动的重要价值越来越成为人们的共识。尤其是2018年全国教育大会提出培养德、智、体、美、劳全面发展的社会主义建设者和接班人,劳动教育被纳入"五育"之中,成为新时代教育事业的根本遵循。2020年中共中央、国务院发布了《关于全面加强新时代大中小学劳动教育的意见》,大学生劳动观培养更加受到重视。同时,马克思主义劳动观是大学生思想政治教育的重要内容,在这样的背景下,大多数大学生能够熟悉并且认同劳动话语及价值观的表述是十分合理的。

综上所述,当代大学生对劳动的历史作用、劳动的目的以及劳动的价值认同都较为准确,大学生劳动观认知整体上较为积极。但是,调查也发现,对于劳动目的的认知与劳动历史作用、劳动价值的认知存在较大的差异,分析背后的原因,大学生对劳动认知程度较为浅显,没有深入理解马克思主义劳动观,当涉及到具体的目的认识层面便存在偏差,因此,需要加强马克思主义劳动理论教育,促使大学生深入理解劳动的历史作用、目的和价值。

4.1.2 热爱劳动

劳动情感态度是对劳动认知的具体反映。关于劳动情感态度,该问卷调查涵盖了大学生对劳动和劳动人民的情感态度两个方面的问题。

针对大学生是否热爱劳动,调查显示,受访大学生对辛勤劳动持正面的态度。八成以上受访大学生能够认识到辛勤劳动的重要作用，关于"人生在勤，不索何获"，58.89%的受访大学生表示"非常认同"，31.17%的受访大学生表示"比较认同"，8.86%的受访大学生表示"中立"，0.91%的受访大学生表示"不太认同"，0.17%的受访大学生表示"非常不认同"（图4-5）。这反映出受访大学生较为认同付出与收获呈正向关系，"业精于勤荒于嬉，行成于思毁于随""只要功夫深，铁杵磨成针""书山有路勤为径，学海无涯苦作舟""一分耕耘一分收获"等思想深入人心，关于勤奋的理念已经获得了广泛的共识。正因为此，大多数大学生能够认识到勤劳的重要作用和价值，调查结果也印证了这一点。同时，问卷选择了与大学生生活较为贴近的问题"家务劳动耽误学习"进行调查，51.32%的受访大学生表示"非常不认同"，27.44%的受访大学生表示"比较不认同"，不认同比例达到78.76%，12.05%的受访大学生表示"中立"，仅有5.07%的受访大学生表示"比较认同"，4.12%的受访大学生表示"非常认同"（图4-6）。虽然大部分大学生不认同"家务劳动耽误学习"，但是仍有部分大学生认为劳动会耽误学习，将体力劳动与脑力劳动对立起来，认为体力劳动不是学习的范畴，部分家长也会主动承担起家务劳动，一定程度上造成大学生不热爱体力劳动。两个问题对比表明，大学生劳动态度整体上较为积极，但对体力劳动仍然存在一定程度的不认同。

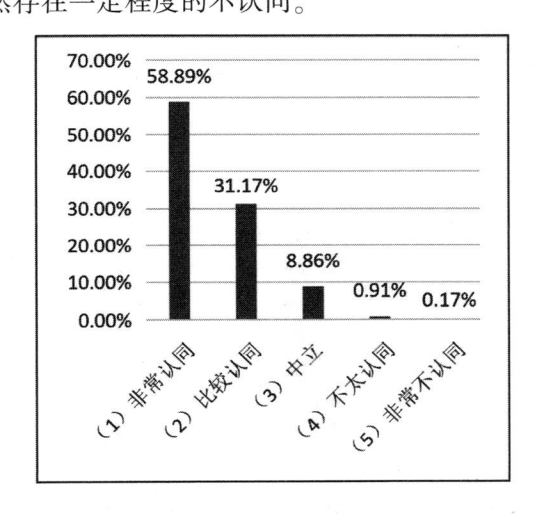

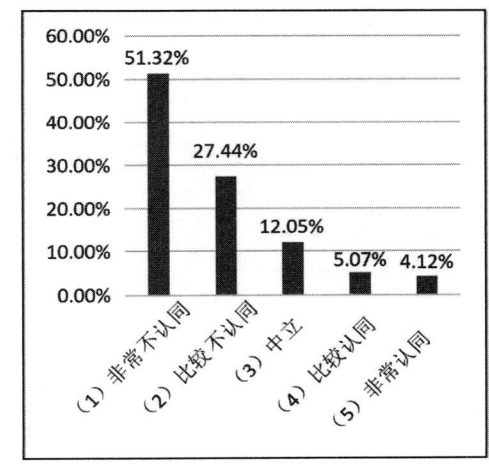

图4-5 "人生在勤，不索何获"调查统计　　**图4-6** "家务劳动耽误学习"调查统计

此外，针对劳动态度又设计了"不劳而获是可耻的"的问题，受访大学生表示"非常认同"和"比较认同"的比例为55.31%和26.67%，15.04%的受访大学生表示"中立"，2.01%的受访大学生表示"不太认同"，0.97%的受访大学生表示"非常不认同"（图4-7）。数据表明，大多数受访大学生具备正确的劳动荣辱观，认同不劳而获是可耻的观点。

针对大学生对待劳动人民的态度，在"劳心者治人，劳力者治于人"的问题上，受访大学生的认同率是9.97%，14.95%的受访大学生表示"中立"，75.08%的受访大学生表示不认同（图4-8）。"劳心者治人，劳力者治于人"与"职业只有分工不同，没有贵贱之分，每一个劳动者都应当被尊重"这两个问题都是考察大学生如何看待劳动者及劳动岗位,但是结果却不太一致,第一个问题的认同率非常高,反映出大学生能够正确认识劳动分工,尊重劳动者。对"劳心者治人,劳力者治于人"的不认同度却十分高,这样的矛盾反映了一些大学生仍然受到传统劳动观念的影响,不认同体力劳动及其劳动者,认为体力劳动者是低人一等的。

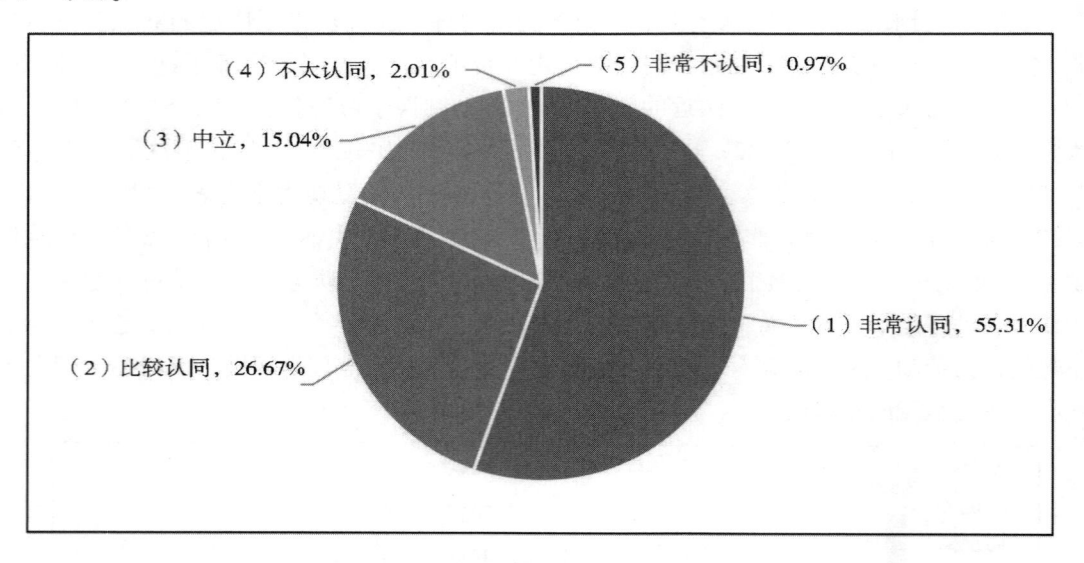

图 4-7 "不劳而获是可耻的"调查统计

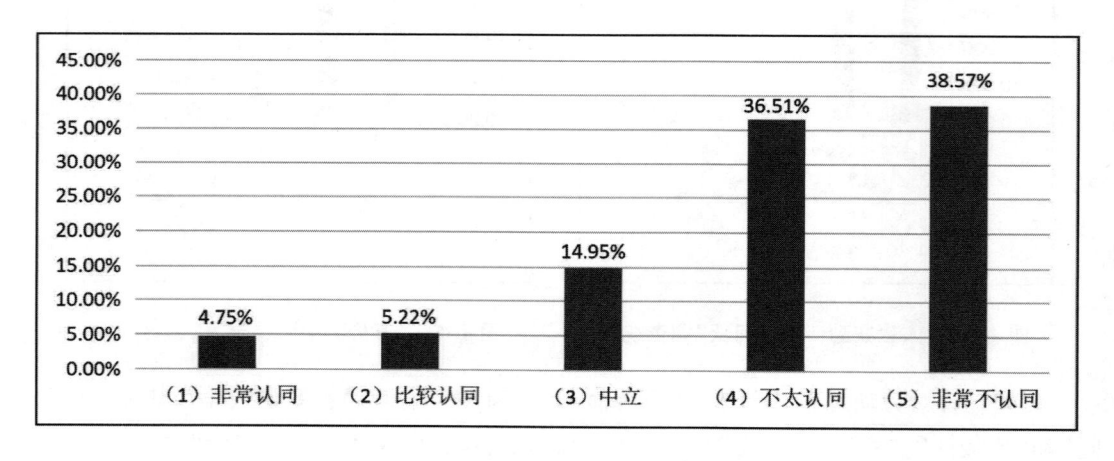

图 4-8 "劳心者治人,劳力者治于人"调查统计

同时,关于大学生对待劳动及劳动者的态度的另一个问题的调查结果应引起我们的重视,对"没有找到理想工作,有一份以体力为主的普通岗位,我也愿意去工作"的认同度相对较低。其中,72.10%的受访大学生表示认同,中立的受访大学生多达21.56%,不认同率达到6.34%(图4-9)。通过对比我们发现,认同"职业只有分工不同,没有贵贱之分,每一个劳动者都应当被尊重"比认同"没有找到理想工作,有一份以体力为主的普通岗位,我也愿意去工作"高出了 22.97%,充分说明大多数大学生能够正确认识劳动的价值,能够做到尊重普通劳动者,但是自己却不愿意从事体力劳动,不想成为普通劳动者。调查结果反映出大学生的劳动观知行的不统一,这一结果值得我们反思。

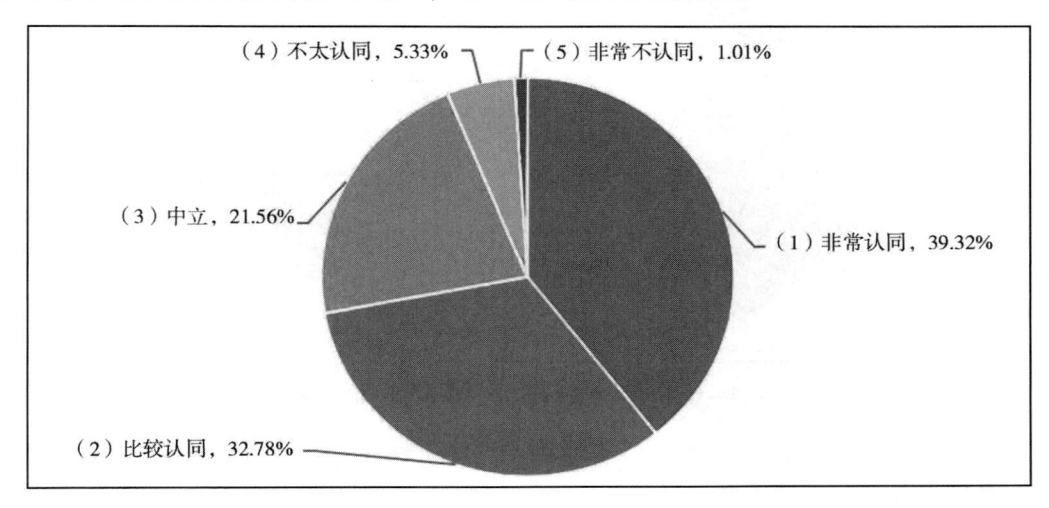

图 4-9 "没有找到理想工作,有一份以体力为主的普通岗位,我也愿意去工作"调查统计

通过以上分析,我们发现,大部分大学生懂得辛勤劳动的重要作用,能够在实际的工作和学习中做到热爱劳动,同时也能够理解劳动人民的不易,对待劳动人民充满了敬意,但是,仍然存在大学生对待劳动以及劳动人民的情感停留在表面的情况,涉及具体问题,尤其是涉及自身利益时,劳动情感便会出现波动。

4.1.3 具有积极的劳动精神

大学生劳动精神是在劳动过程中意志和精神风貌的体现。关于劳动精神的调查,该问卷调查涵盖了劳动精神的勤俭、奋斗、创新、奉献四个方面的内容。

针对勤俭的调查显示,九成以上大学生对"一粥一饭当思来之不易,半丝半缕恒念物力维艰"表示赞同。具体来说,66.36% 的受访大学生表示"非常认同",26.02% 的受访大学生表示"比较认同",7.01% 的受访大学生表示"中立",0.41% 的受访大学生表示"不太认同",0.20% 的受访大学生表示"非常不认同"(图 4-10)。数据表明,大多数受访大学生认同应当秉持勤俭的劳动精神。但是有调查显示,"超四层受访大学生对别人浪费食物的行为持'这是别人的权利,我无权干涉'态度。"[1]可见,大学生在勤俭的观念上能独善其身,但不愿纠正社会上存在的浪费现象。另外,仍有很小一部分大学生不重视勤俭的作

---

[1] 李珂. 嬗变与审视:劳动教育的历史逻辑与现实重构[M]. 北京:社会科学文献出版社,2019:158.

用，甚至有部分大学生认为不会花钱便不会赚钱，用错误的消费观来掩饰浪费的行为。

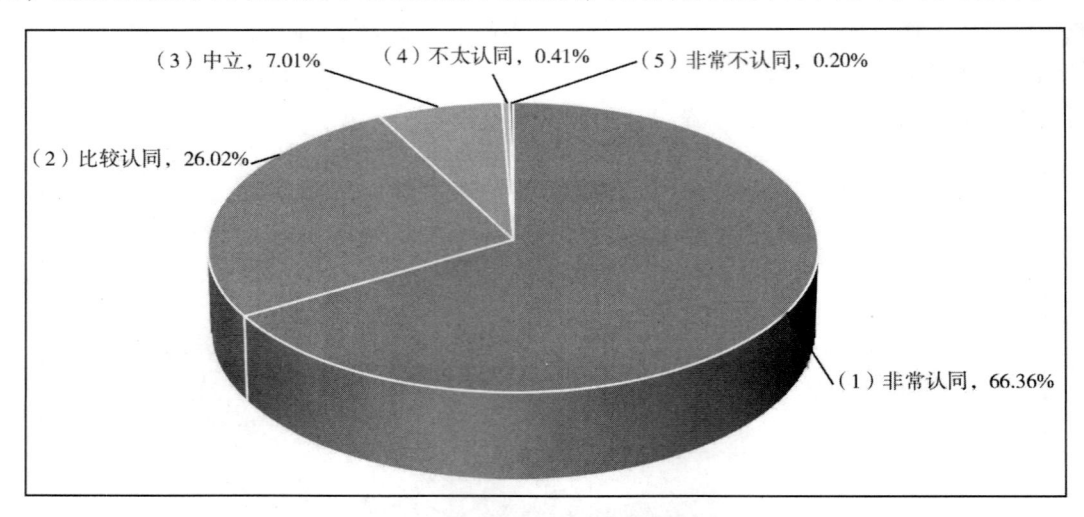

图4-10 "一粥一饭当思来之不易，半丝半缕恒念物力维艰"调查统计

关于奋斗的观点，研究设计了"现在已经实现小康社会了，不需要弘扬艰苦奋斗精神了"的问题。18.54%的受访大学生表示"非常认同"，11.20%的受访大学生表示"比较认同"，7.66%的受访大学生表示"中立"，22.94%的受访大学生表示"不太认同"，39.66%的受访大学生表示"非常不认同"（图4-11）。可见，多数受访大学生能够认识到奋斗的重要作用和价值。但是，也有相当比例的受访大学生认为不需要奋斗了，这反映了小富即安、缺乏危机意识的观念在大学生中仍有一定的占比，新时代大学生的物质生活水平相比于从前的大学生有了显著提升，他们不缺吃、不缺穿，没有经历过物质匮乏的时代，一些大学生缺乏奋斗的观念，出现了"佛系""丧文化"等现象，需要我们警惕。

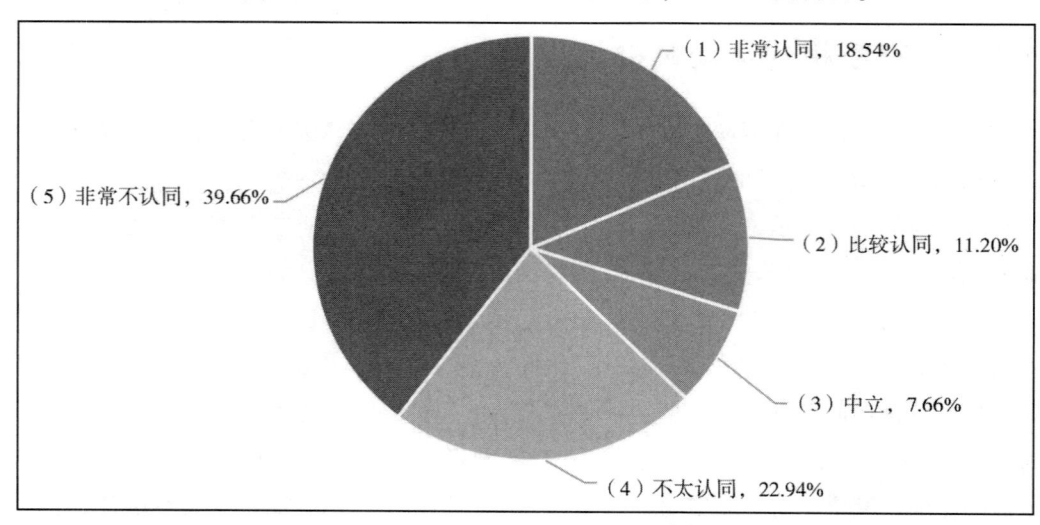

图4-11 "现在已经实现小康社会了，不需要弘扬艰苦奋斗精神了"调查统计

在创新劳动方面，大学生对"创新是引领发展的第一动力"的认同方面，61.42%的受访大学生表示"非常认同"，30.03%的受访大学生表示"比较认同"，7.47%的受访大学生表示"中立"，0.67%的受访大学生表示"不太认同"，0.41%的受访大学生表示"非常不认同"（图4-12）；大学生对"经常在学习和工作中运用新方法、新思路"的认同方面，52.08%的受访大学生表示"非常认同"，34.79%的受访大学生表示"比较认同"，12.11%的受访大学生表示"中立"，0.64%的受访大学生表示"不太认同"，0.38%的受访大学生表示"非常不认同"（图4-13）。对比这两个问题，我们发现大学生能够意识到创新劳动对社会和个人的重要作用，认同率占到90.55%，在实际的学习和工作中也较为积极地运用创新思维去解决问题，认同率占到86.12%，对比创新劳动的高认同率，大学生在实际工作中较少运用创新思维劳动，反映了知行的不统一，创新劳动需要付出巨大的努力且不一定取得成绩，所以一定程度上，由于部分大学生怕犯错，怕耽误时间的原因，导致工作和学习中循规蹈矩，不能进行创新劳动。为了进一步检验大学生的创新劳动意识，问卷设计了"您是否参加过创新创业实践活动"的问题，其中参加过创新创业活动的受访大学生占到66.51%，未参加过创新创业活动的受访大学生占33.49%（图4-14），可见，在"大众创业、万众创新"的时代，大学生创新创业实践的热情仍需提高。

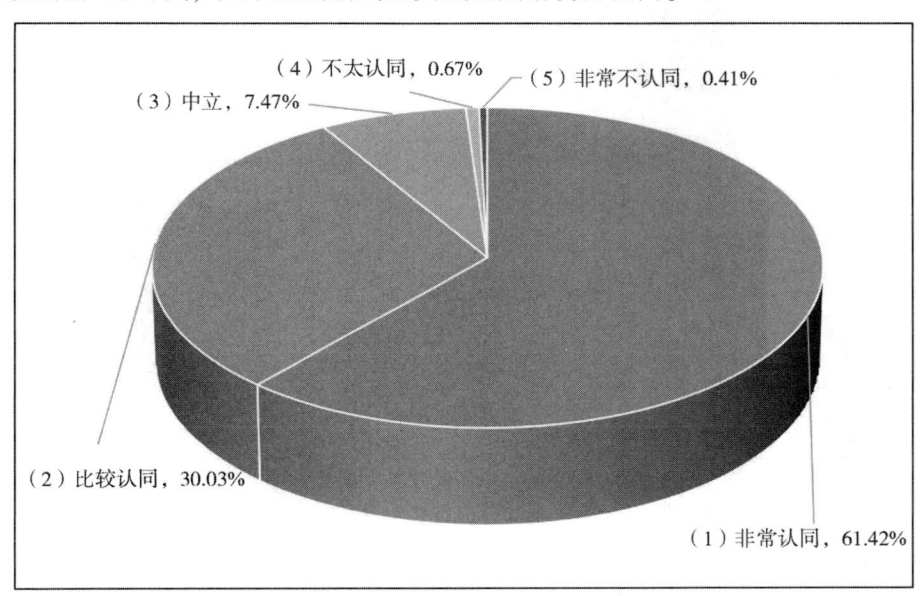

图4-12 "创新是引领发展的第一动力"调查统计

针对奉献精神的调查显示，接近九成受访大学生对"愿意参加力所能及的公益活动（扶贫、支教、心理咨询、保护环境等）"表示认同，其中，57.38%的受访大学生对此表示"非常认同"，32.03%的受访大学生表示"比较认同"（图4-15）。公益劳动包含了以志愿服务为主要形式的劳动，公益劳动是不计报酬的劳动，服务于社会，服务于他人的劳动，集中体现了奉献的劳动精神。数据表明，大多数受访大学生具有奉献的精神。但是也有0.90%

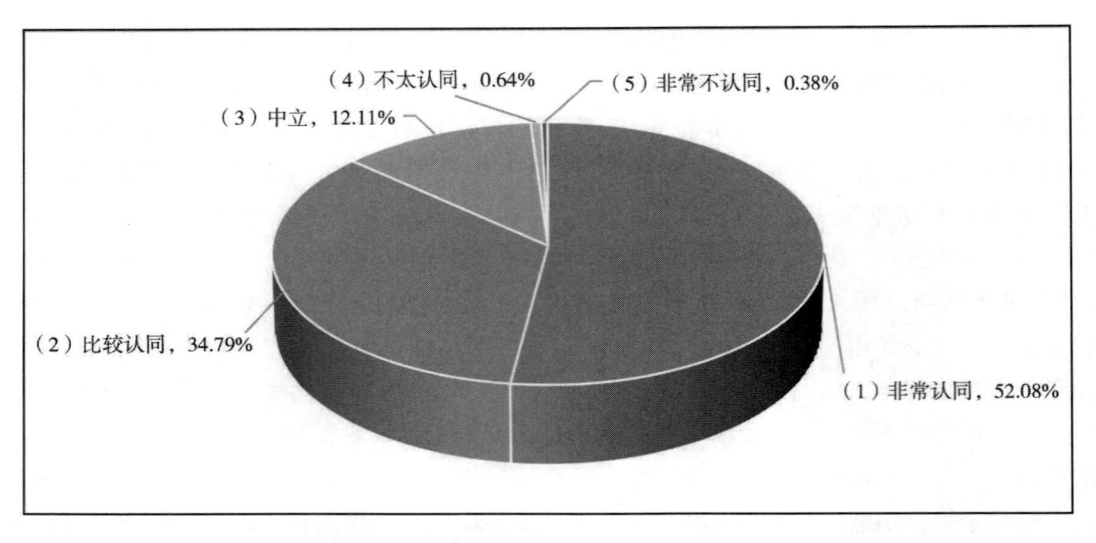

图 4-13 "经常在学习和工作中运用新方法、新思路"调查统计

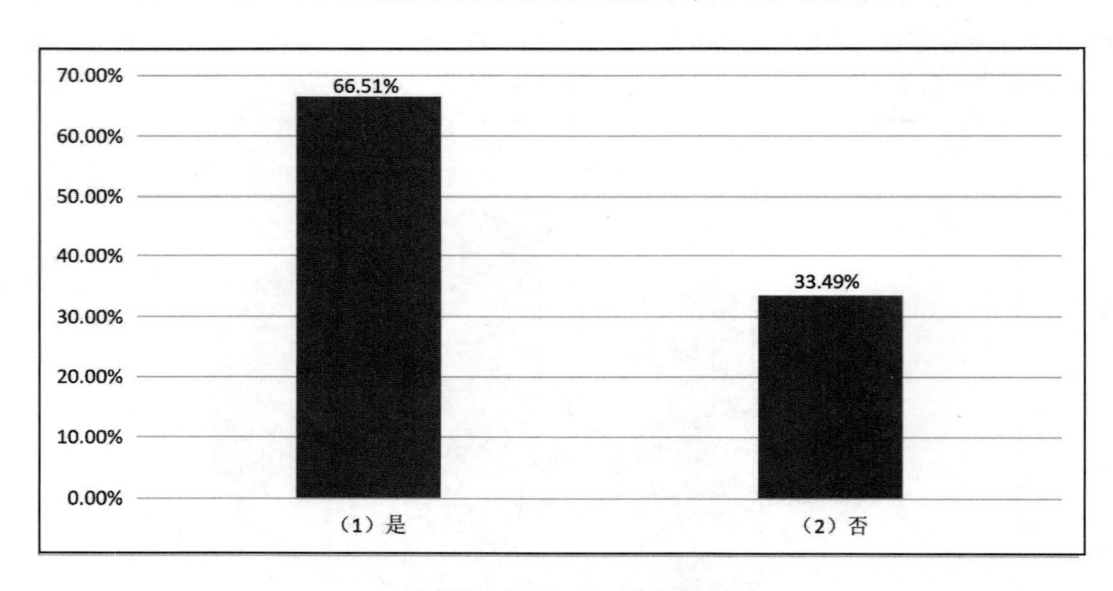

图 4-14 "是否参加过创新创业实践活动"调查统计

的受访大学生不太认同公益劳动，大约 10% 的受访大学生持中立态度。可见，针对部分大学生奉献精神的培养有待进一步加强。同时，另一个问题应引起我们的注意，仅有 59.77% 的受访大学生对"当有偿劳动和公益劳动发生冲突时，放弃有偿劳动去做公益劳动"这一问题表示了认同的态度，保持中立的比例高达 30.32%（图 4-16）。这一组数据表明，新时代大学生能够正确认识个人与集体之间的关系，愿意为集体和社会奉献自己的力量。但是当个人利益与集体利益产生矛盾时，他们却犹豫了，一些大学生倾向于考虑个人的实际利益，某种程度上反映了新时代大学生的社会责任感和使命感有待进一步加强。

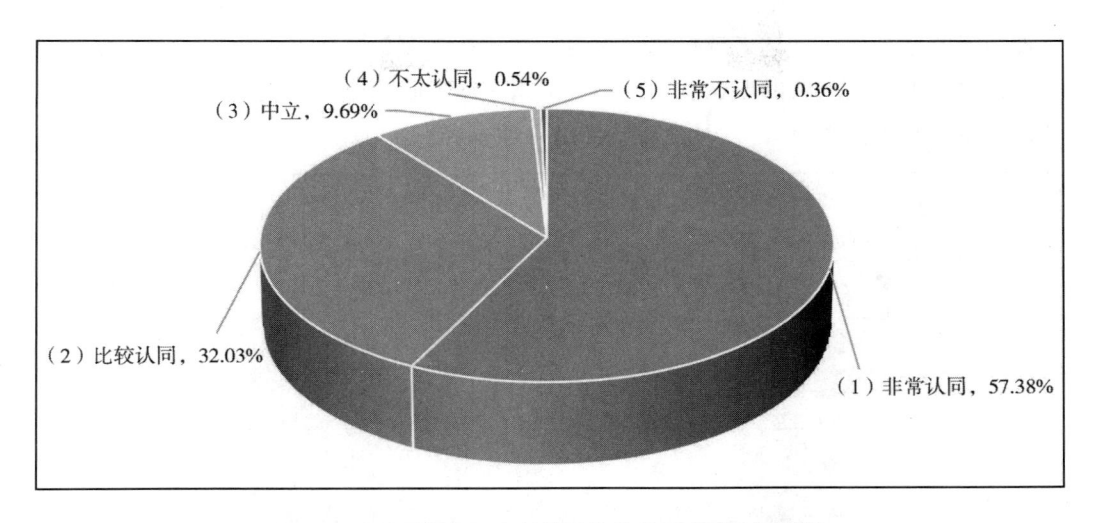

图 4-15 "愿意参加力所能及的公益活动"调查统计

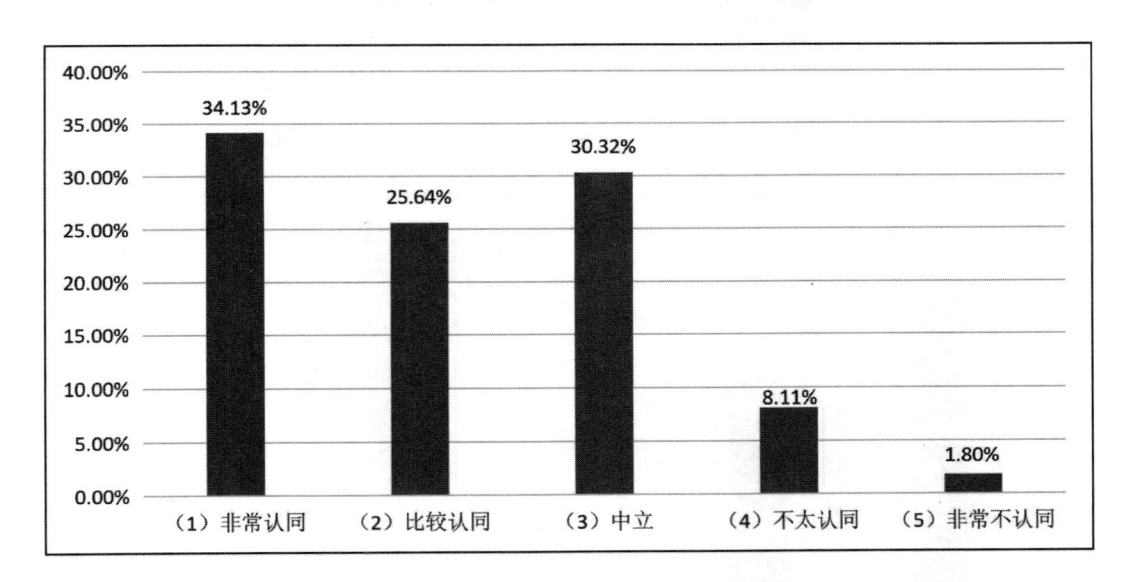

图 4-16 "当有偿劳动和公益劳动发生冲突时,放弃有偿劳动去做公益劳动"调查统计

对"是否愿意在工作中践行劳模精神和工匠精神"问题的回答,"非常认同"和"比较认同"的比例达到 88.01%(图 4-17)。可见,许多大学生认同劳模精神和工匠精神,而且准备在将来的工作中践行劳模精神与工匠精神。对调查结果进一步分析可知,高职高专院校的学生对劳模精神和工匠精神的认同度整体上高于本科院校的学生,高职高专"非常认同"和"比较认同"的比例比本科生高出 5.73 个百分点(图 4-18),这一方面反映了本科与高职高专院校人才培养目标存在差异,也从侧面反映出高职高专院校更加注重对学生劳模精神和工匠精神的培养。另一方面也反映了本科大学生对待工匠精神和劳模精神的误区,认为这两种精神更侧重于一线工人,而不是广泛地存在于各行各业之中。随着时代的发展,劳

模精神与工匠精神被赋予越来越多的时代内涵和元素，大学生深刻理解并践行劳模精神与工匠精神对个人具有重要的成长意义，对于国家实现从制造业大国向制造业强国转变、对实现民族复兴具有重大意义。

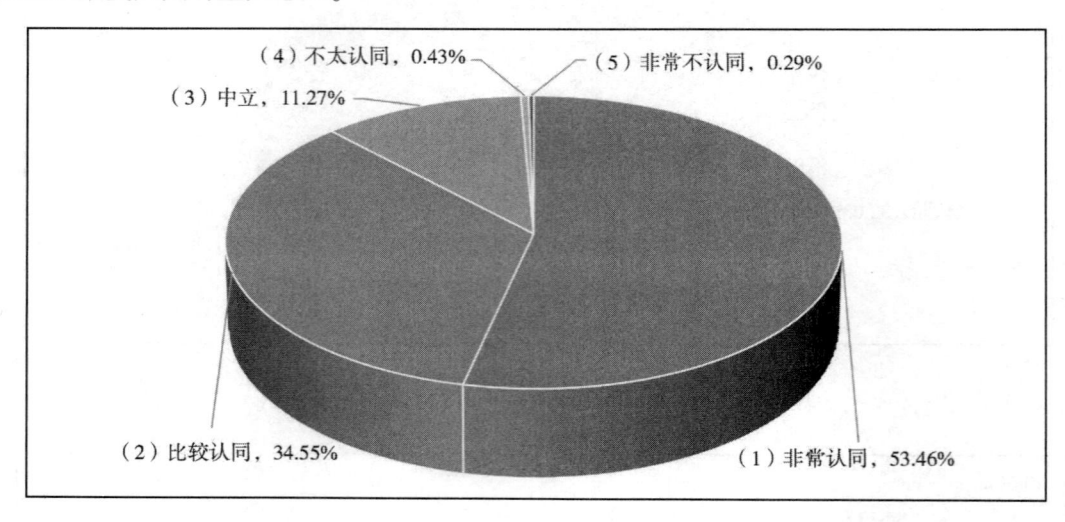

图4-17 "是否愿意在工作中践行劳模精神和工匠精神"调查统计

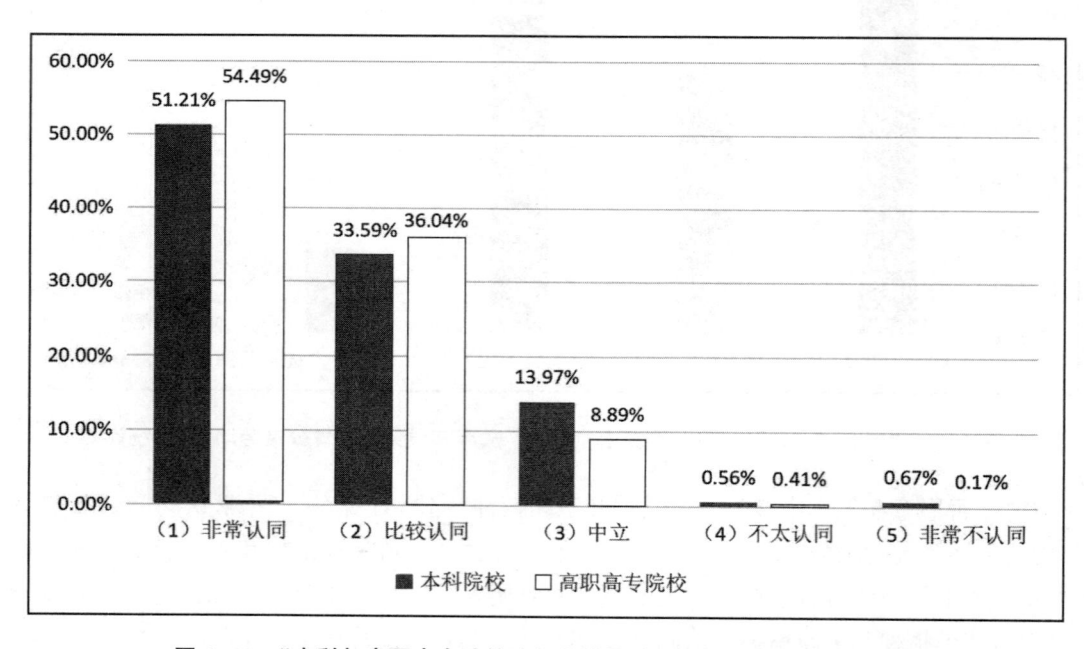

图4-18 "本科与高职高专院校践行劳模精神和工匠精神比较"调查统计

通过调查及数据分析可知，新时代大学生劳动精神整体是积极向上的，认同"勤俭、奋斗、创新、奉献"的劳动精神，但仍然有待于进一步增强劳动的社会责任感。新时代大学生劳动观培养要使大学生继承优良的劳动传统，继续强化大学生艰苦奋斗精神，具备到边远地区和艰苦地区工作的奋斗精神,适应时代发展的劳动要求,不断进行创新劳动。

4.1.4 坚定劳动信念

劳动信念是劳动伦理的要求,是劳动过程中所表现的稳定的心理倾向和特征。关于劳动信念,该问卷调查涵盖了诚实劳动、守法劳动和生态劳动三个方面的内容。

在诚实劳动的认同方面,40.03%的受访大学生对付出与回报成正比表示"非常认同",32.60%的受访大学生表示"比较认同",19.66%的受访大学生表示"中立",6.32%的受访大学生表示"不太认同",1.39%的受访大学生表示"非常不认同"(图4-19)。此问题表明,超过七成的大学生能够认同付出与回报成正比例关系,认同诚实劳动。但由于市场经济制度是一个逐步完善的过程,社会上出现的"一夜暴富""一夜成名"等现象影响着大学生的价值判断,导致部分大学生不认同付出与回报的正向关系。为进一步测试大学生对待诚实劳动的态度,研究设计了一个比较贴近大学生实际生活的问题,"是否同意给偷税漏税明星一次复出的机会"高达33.71%的受访大学生表示认同,29.16%的受访大学生表示中立,37.13%的受访大学生表示不认同,不认同的比例仅比认同的比例高3.42个百分点(图4-20)。这个问题表明,当涉及具体的问题时,尤其涉及自己的好恶时,大学生往往缺乏对原则的坚持,诚实劳动的教育有待于进一步加强。

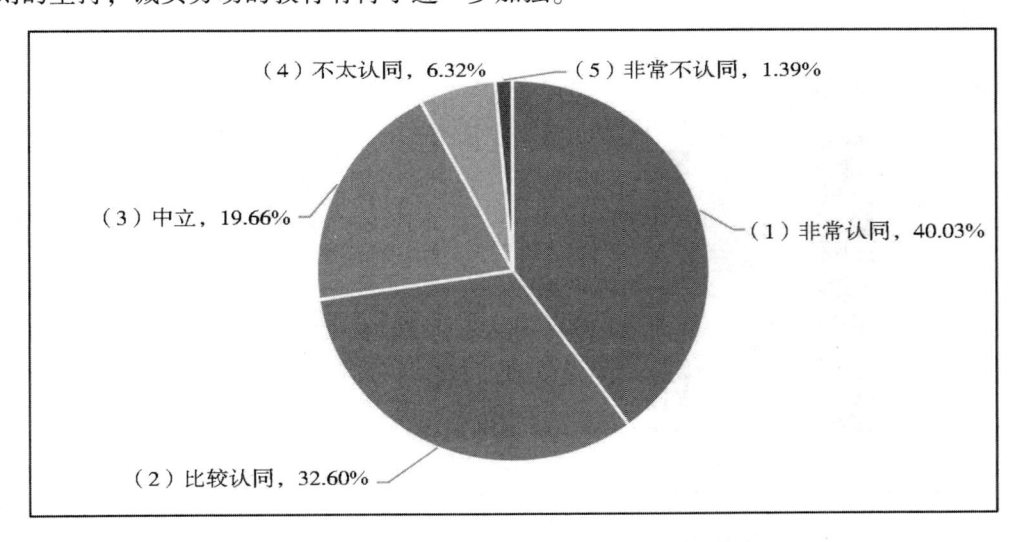

图4-19 "相信付出与回报成正比"调查统计

关于守法劳动的认同,超过九成受访大学生认同"劳动过程中应自觉遵守法律关于劳动的权利与义务的规定",认同率达到92.22%(图4-21);对"是否了解《劳动法》《劳动合同法》等与劳动相关的法律法规"这一问题,32.64%的受访大学生表示"非常了解",29.17%的受访大学生表示"比较了解",27.06%的受访大学生表示"说不准",9.19%的受访大学生表示"不太了解",1.94%的受访大学生表示"非常不了解"(图4-22)。调查显示,大学生守法

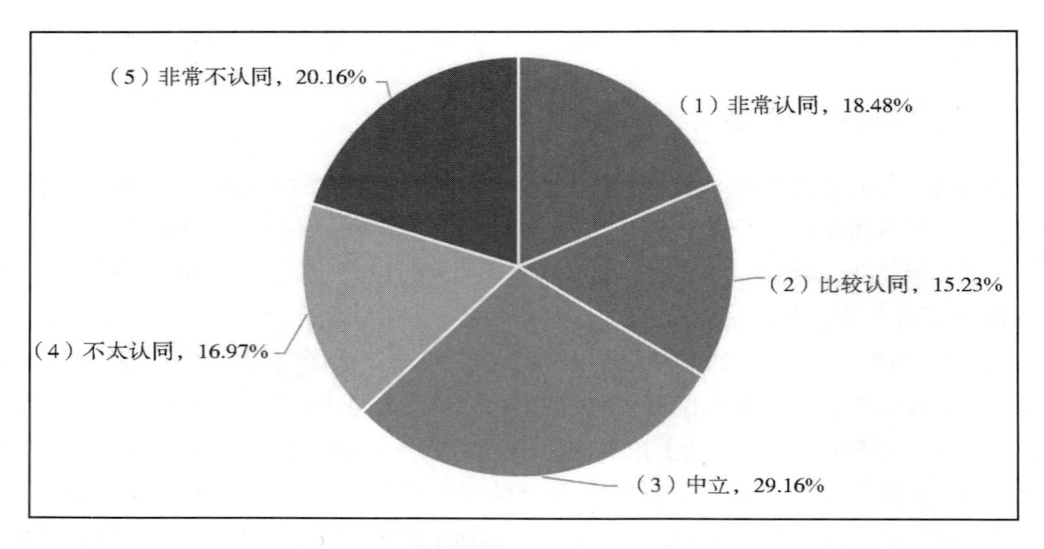

图 4-20 "是否同意给偷税漏税明星一次复出的机会"调查统计

劳动的意识较强，但是对劳动法律法规关于权利和义务的具体规定不甚了解，加强大学生劳动法律法规的教育是培养自觉守法劳动的前提，劳动观培养应加强这方面的教育。

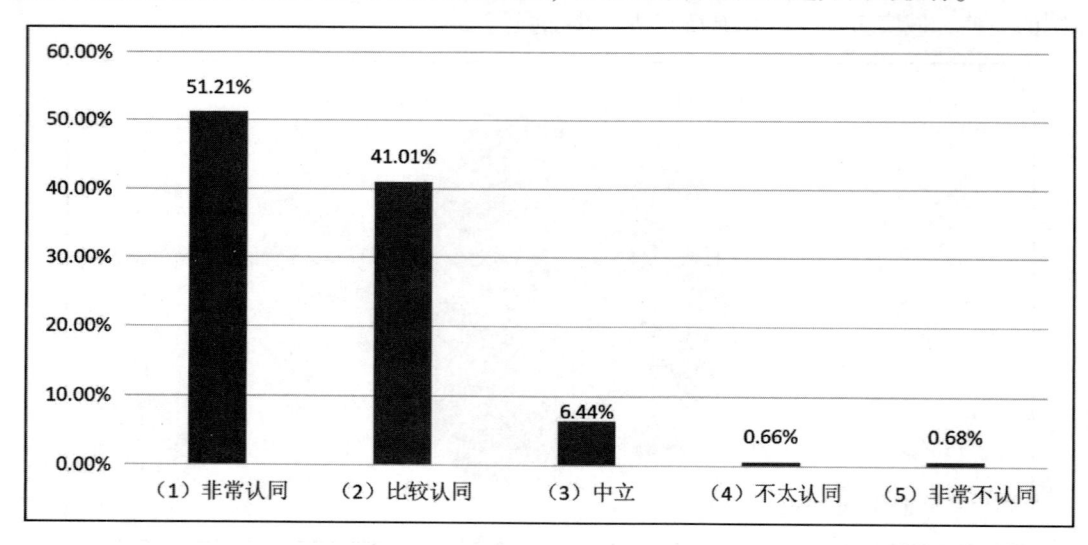

图 4-21 "劳动过程中应自觉遵守法律关于劳动的权利与义务的规定"调查统计

关于生态劳动的认同方面，问卷设计了"是否赞同'人定胜天'改造自然的说法"的问题，54.91%的受访大学生表示认同，28.79%的受访大学生表示中立，只有16.30%的受访大学生表示不认同（图4-23）。调查显示，大部分受访大学生过分估计了人对自然的改造能力，没能认识到人与自然和谐共处的重要性，缺乏劳动应当遵循人与自然和谐共生的劳动理念。可持续发展能够造福子孙后代，调查显示，针对大学生的生态劳动理念培养亟待加强。

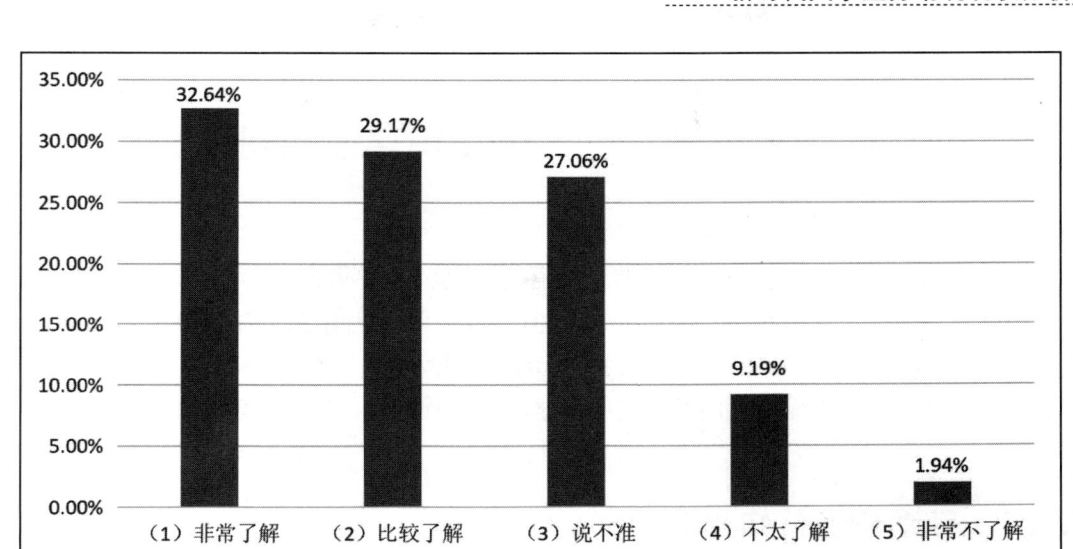

图 4-22 "是否了解《劳动法》《劳动合同法》等与劳动的相关的法律法规"调查统计

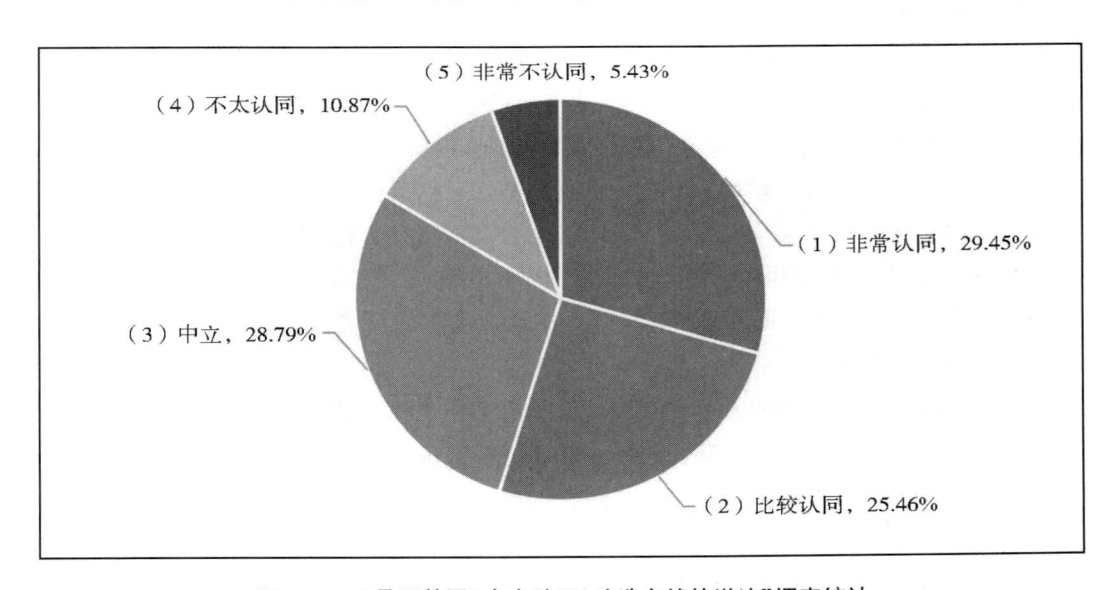

图 4-23 "是否赞同'人定胜天'改造自然的说法"调查统计

通过调查，我们发现大多数大学生具备诚实、守法的劳动观，"诚信"劳动是社会主义核心价值观的要求，应通过加强社会主义核心价值观的教育，培养大学生"诚信"劳动的信念。同时，针对大学生生态劳动观点的偏差，应着力培养大学生树立"绿水青山就是金山银山""既要金山银山，又要绿水青山""宁要绿水青山，不要金山银山"的生态劳动观点。

4.2　新时代大学生劳动观存在的问题

当代大学生劳动观整体积极，能够正确看待劳动，具有热爱劳动和劳动人民的感情，劳动精神较为积极，具备良好的劳动信念。但少数大学生仍存在劳动价值认识趋向功利化、"一夜暴富"的心理、艰苦奋斗和创新劳动的精神缺失、对劳动权益和义务的认识欠缺、生态劳动理念尚未建立等问题。这些问题时刻提醒我们，加强大学生劳动观培养迫在眉睫。

4.2.1　劳动价值认知趋向功利化

经济全球化以及科技的进步，加快了信息传播的速度，拉近了各国人民彼此之间的距离，各种文化思潮强烈地冲击了当代大学生的思想，比如享乐主义、极端个人主义、拜金主义等西方不良思潮影响着大学生的劳动价值观。大学是大学生人生观、世界观、价值观形成和稳定的关键时期，在不良思潮和不良风气的影响下，大学生的劳动价值认识趋向功利化。很多大学生对劳动的价值仅仅停留在实用主义的层面，没有认识到劳动是人的需要。

第一，部分大学生将劳动目的窄化为获得财富。一些大学生认为劳动的目的仅是获得物质利益，缺乏劳动对个人全面发展以及对社会发展的推动作用的认识。本次问卷调查也显示，38.97%的受访大学生赞同劳动的主要目的是赚钱。因此，大学生在对待学习时，本着60分万岁的心理混日子，平时不努力，临时抱佛脚应付考试，拿到毕业证是这些大学生的学习目标。在选择职业时，会选择他们认为工资高，付出劳动少的工作，很多大学生为了追求高薪而放弃自己的专业和兴趣爱好，将工作当作手段而不是目的。职业理想的缺失对于大学生个人发展十分不利，对社会来说也会造成人才浪费。部分大学生没有认识到劳动的目的除了获取财富，更重要的是增进人的幸福感，促进人的自由全面的发展，实现人类的解放。

第二，部分大学生注重劳动的个人价值，忽略劳动的社会价值。马克思主义劳动观认为，衡量个人价值的大小需要看他对社会所提供的有效劳动的价值多少，看他对社会的贡献，个人劳动只有与社会紧密联系才能真正实现劳动的价值，个人在为社会创造财富的同时也创造了自己的价值。当代大学生大部分能够正确认识个人价值与社会价值之间的关系，"但也有16.0%的大学生表示自己'更重视个人价值的实现'，且有2.8%的大学生对如何处理个人价值与社会价值之间的关系表示'说不清楚'。这表明在当前高校中有部分大学生不能合理地在个人价值与社会价值之间进行权衡取舍与统筹协调，片面强调和重视个人价值的实现。"❶当个人利益与社会利益相冲突时,部分大学生往往倾向于舍弃集体利益选择个人利益,本次调查中设置了"当有偿劳动和公益劳动发生冲突时,放弃有偿劳动去做公益劳动"的问题,保持中立的比例高达30.32%,不赞成的比例为9.91%。可见,个人主义倾向在大学生中占比较大,大学生缺乏对社会的责任感和使命感,他们没有意识到,只有将自身的价值融入到集体之中,才能真正实现个人价值。有调查指出,"当被问及'毕业后选择工作的标准'时,65.83%的受访者将'薪酬福利'作为首要考虑因素,仅有19.08%的受访者表示在择业时'首先考虑国家与社会的需要'。"❷部分大学生选择工作时过于看重薪酬、待遇等外在条件,而忽略了劳动的内在价值,从而进一步把个人利益置于集体和国家利益之上,只注重眼前利益而忽略长远发展,不讲贡献只顾享受的功利化劳动观日趋明显。

第三,存在知行不一的情况。劳动观培养最终要达到知行合一,形成良好的劳动习惯和优良的劳动品质,但当前部分大学生仍然存在知行不统一的情况。调查数据显示,在"四个最"劳动价值观的调查中,87.81%的受访大学生表示认同。在劳动的意义的调查中,对"劳动是幸福的源泉""劳动是财富的源泉"等问题也都有八成以上的大学生认同。这些数据充分说明当代大学生对马克思主义劳动观是充分认可的。但在问及"寒暑假,您在家中每天的劳动(主要是家务劳动、农活等体力劳动)时长"时,5.28%的受访大学生表示"不劳动",7.51%的受访大学生的劳动时间在"10分钟以内",29.3%的受访大学生的劳动时间在"10~30分钟"。而在发达国家,很多国家小学生的劳动时长均超过30分钟,比如"日本规定小学生每天参加劳动24分钟,韩国是42分钟,英国为36分钟,美国为75分钟。"❸对"在校期间如果发现寝室较脏乱,又没轮到你负责值日,你会?"的回答中,有40.38%的受访大学生选择"自己主动打扫",27.88%的受访大学生选择"邀请同学一起打扫",24.84%的受访大学生选择"提醒值日同学打扫",3.57%的受访大学生选择"视而不见",3.33%的受访大学生选择"抱怨"。从上述知行对比分析可以看出,绝大多数大学生对劳动有正确的认识和评价,但是在实际劳动的过程中,却存在认知与劳动实践的不一致,表现为劳动意识差,劳动意志薄弱的现象。

4.2.2 劳动态度倾向消极化

看待事物的态度是支撑人们行为的基础,当前部分大学生的劳动态度趋向消极,劳动意识淡薄,常常幻想着"一夜暴富",不愿意踏踏实实地劳动,看不起甚至歧视普通劳动者,更存在不珍惜劳动成果的现象。

第一,好逸恶劳,不劳而获的心理较为严重。调查显示,大学生对"不劳而获是可耻

---

❶ 沈壮海,王晓霞,王丹等.中国大学生思想政治教育发展报告2017[M].北京:北京师范大学出版社,2018:42.
❷ 裴文波,岳海洋,潘聪聪.高校大学生劳动教育的多维透视[J].学校党建与思想教育,2019(4):88.
❸ 《八荣八耻党员干部读本》编写组.八荣八耻党员干部读本[M].北京:红旗出版社,2006:92.

的"的认同率是 81.98%，中立者达到 15.04%，不认同比例达到 2.98%，这些数据表明仍有一部分大学生存在不劳而获的心理。一部分的大学生不把精力集中在学习上，出现不求上进、上课迟到、早退、旷课等现象，享乐主义的思想促使他们整日沉迷于网络游戏，追星、追剧等事情上。受不良社会风气如网红直播炫富的影响，大学生幻想一夜暴富的心理倾向较为严重，急功近利的财富梦想促使一些大学生做出很多荒唐的事情，比如近些年频繁出现的裸贷、误入传销组织、赌球、痴迷博彩等事例。部分大学生不愿意参加劳动，认为劳动会使人承受肉体和精神上的痛苦和压力。在日常生活中，大学生本应当具备满足生存需要的基本劳动能力，但是由于当前大学生的教育环境和成长环境转变，"巨婴"现象越来越普遍，个别大学生带着家长去陪读，否则其吃饭洗衣便成了问题，大学生的宿舍卫生常常呈现脏乱差的状态，有些大学生甚至花钱雇钟点工进行清理。本次问卷调查显示，面对"在校期间如何处理穿过的脏衣服"的问题，大多数学生选择"手洗"，选择"付费洗衣机洗"的学生占到 19.82%，选择"攒着带回家让父母洗"的学生占到 1.15%，还有 0.41% 的学生选择"直接扔掉"，可见，部分大学生的生活自理能力确实堪忧。

第二，对待劳动分工没有正确的认识，把劳动分成三六九等，不尊重甚至鄙视普通劳动者。受中国传统观念"学而优则仕"的观念影响，进入大学后，大学生经常以"天之骄子"自居，不尊重劳动人民，尤其是体力劳动者，不虚心向劳动人民学习。调查显示，9.97% 的受访大学生认同"劳心者治人，劳力者治于人"，14.95% 的受访大学生表示中立，这些数据反映出较多大学生仍存在不认可体力劳动甚至鄙视体力劳动的情况。有些大学生甚至因自己父母是体力劳动者而感到没有面子。不尊重劳动者直接导致大学生不尊重他人劳动成果，不懂得珍惜劳动成果。根据《2018 年中国城市餐饮食物浪费报告》显示，在我国，大型聚会食物浪费率达 38%，学生盒饭有 1/3 都会被扔掉，可见，在我国尚未形成勤俭节约的社会风气。另外，大学生劳动态度不端正导致择业观出现问题。大学生对体力劳动的误解导致他们不愿意从事一线的技术和体力工作，而选择他们认为的理想工作却又缺乏能力，不切实际的就业目标进一步加剧了就业难的现状。部分大学生不学无术，选择职业却拈轻怕重、挑精拣肥，结果心安理得的沦为"啃老族"，更有甚者坑蒙拐骗，宁愿违法也不愿意辛勤劳动。

4.2.3 艰苦奋斗及创新劳动精神缺失

"劳动精神，是指劳动者在劳动中展现的精神状态、精神面貌、精神品质。"[1]大学生劳动精神的缺失主要表现在艰苦奋斗精神和创新劳动意识的不足，大学生劳动精神缺失将直接导致劳动习惯差，劳动能力弱化的问题。

第一，艰苦奋斗精神的缺失。新时代的大学生没有经历过艰苦的岁月，对艰苦奋斗的内涵认识不清，部分大学生在学习和工作中遇到一点困难就打退堂鼓，例如在科学实验

---

[1] 贺兰英.中国特色社会主义劳动精神的内涵[J].南方论刊，2018(5)：45.

中，有些大学生遭受几次挫折便停止研究，须知在劳动过程中失败和挫折是常有的事，要有甘坐十年冷板凳的精神，才可以品尝劳动结出的硕果。但是当前部分大学生在工作和学习上常常表现为不认真、投机取巧，缺乏脚踏实地、坚忍不拔、淡泊名利、"撸起袖子加油干"的拼搏和奉献精神。在中国共产党的领导下，在我国已经全面建成小康社会的背景下，很多同学认为"现在已经建成小康社会了，不需要弘扬艰苦奋斗精神了"，调查显示，认同这种观点的受访大学生比例达到了29.74%，另外有7.66%的受访大学生持中立态度，可见部分大学生没有认识到艰苦奋斗是中华民族的优良传统，实现中华民族的伟大复兴，必须依靠艰苦奋斗继续创造辉煌。近些年，应届毕业生的初次就业违约率不断提高，某种程度上反映了大学生艰苦奋斗精神的缺失。有调查显示，有45.5%的大学生希望毕业后到一线城市就业，46.3%的大学生希望毕业后到二线城市就业，累计百分比高达91.8%，6.0%的大学生希望毕业后到三线城市就业，只有2.2%的大学生希望毕业后到乡镇基层就业。针对大学生是否愿意去西部工作的调查显示，36.7%的大学生愿意去西部或者基层就业，37.8%的大学生不确定自己的意愿，25.5%的大学生表示不愿意去西部。其中，不愿意去西部工作的原因，34.8%的大学生表示对西部地区和基层缺乏了解，33.1%的大学生认为西部发展空间不大，23.9%的大学生是因为西部条件艰苦和待遇不好。❶ 这样的现实反映出当代大学生普遍缺乏艰苦奋斗、甘于奉献的劳动精神，大学生劳动观培养任重而道远。

　　第二，创新劳动精神有待进一步增强。知识经济时代，改革创新成为时代潮流，创新劳动将成为劳动的主导形式，新时代是属于创新劳动的时代。但是，当代大学生劳动创新意识却跟不上时代发展的潮流。世界知识产权组织最新报告即《2020全球创新指数报告》显示我国的创新指数排名世界第14位，虽然排名较为靠前，但我国是世界第一教育大国，拥有世界上最多的大学生群体，创新能力却与教育大国不相匹配。著名的"钱学森之问"反映了我国大学生创新不足的现实。由于近些年我国对大学生"双创"的重视，大学生已经意识到创新劳动的重要性，本次调查显示，九成以上受访大学生认同创新是引领发展的第一动力，自认为能在学习和工作中运用新方法、新思路的占到八成以上，但是调查大学生是否参加过创新创业活动，结果显示有四成以上大学生未参加过创新创业实践活动。这些数据说明，大学生只是停留在浅层次的认识，并没有真正意识到创新劳动的重要性。缺乏创新劳动精神表现在：首先，大学生对创新劳动的重要性认识不足，不了解创新劳动与常规劳动的区别，虽然常规劳动是人类生存和发展的基础，但是创新劳动是未来劳动发展的方向，创新劳动所产生的价值具有巨大的社会潜力，是推动社会进步的关键力量。其次，不愿改变固有思维。缺乏问题意识和独立思考能力，是造成大学生创新能力不足的根源，很多大学生能够认识到思维定式是阻碍创新的重要因素，但由于涉猎知识不广泛、动手能力差、团队意识不强等因素导致大学生放弃批判性思维训练，放弃对创新想法的实践，在学

---

❶ 沈壮海，王晓霞，王丹等.中国大学生思想政治教育发展报告2017[M].北京：北京师范大学出版社，2018：306-307.

习和工作中常常因循守旧。最后，大学生对创新劳动存在畏难情绪。创新劳动不同于常规劳动，不容易产生成果，即使付出辛勤的劳动也不一定能够收获成功，因此，很多大学生在面对创新劳动与常规劳动时，选择了更为稳妥的后者，又由于劳动实践能力弱，不能把创新想法与实践结合，导致很多创新劳动无法实施。

4.2.4 诚信与生态劳动理念欠缺

劳动观不仅包括劳动认知、劳动态度、劳动精神等方面内容，还应包括诚信劳动与生态劳动的信念，涉及劳动伦理的范畴。当前，部分大学生诚信劳动信念有所欠缺，生态劳动理念尚未建立。

第一，诚信劳动理念欠缺。诚信是公民的道德规范，也是社会主义核心价值观的重要内容。总体来说大学生具备诚信劳动的意识，能够明白诚信大义，但是部分大学生在涉及自身利益与好恶时，便失去了判断标准。在"是否同意给偷税漏税明星一次复出的机会"的调查中，我们看到很多大学生对待自己喜爱的明星便失去了诚信劳动的原则。在实际的学习和工作中，也常常能见到大学生论文造假、考试作弊、替考、代上课等不诚信劳动行为。很多大学生对这些行为见怪不怪，将其视为一种正常的现象，校园诚信劳动氛围不浓。另外，诚信劳动理念不仅包含诚实劳动，而且包含有信用地劳动，这就涉及大学生是否具备自觉守法的意识和理念。一方面，当代大学生对劳动的权利和义务认识不够深入，在平常的勤工助学、社会实践、实习、劳动试用期、工作等阶段一旦出现法律纠纷，便不知所措。大学生的劳动法治观念不强，缺乏劳动维权意识的现象十分严重，对于劳动时长、劳动最低薪酬、法定劳动假期、劳动加班制度等不甚了解。毕业生与用人单位签订劳动合同，对劳动合同条款不认真阅读便签约，等到解约才发现，很多条款未加说明或者不合理，再想修改便难上加难。对于违反劳动法的情况，如试用期期限不合法，试用期不缴纳社会保险，不给加班费，收取试用期培训费等不合理规定，毕业生不知道如何维权，不会维权，不敢维权，也有毕业生明明签署了劳动合同，入职后用人单位却没有履行相应的约定，但毕业生却选择隐忍。另一方面，大学生履行劳动义务的意识也十分欠缺。履行劳动义务就是要做到诚信劳动，遵守劳动合同等要求。可是在实际的学习生活中，大学生违反劳动法律法规的现象也时有发生，毕业生不履行劳动合同所规定的劳动义务等现象有所增加。

第二，生态劳动理念尚未建立。后工业时代，人类改造自然的能力不断增强，人们的物质生活水平得到较大提高，但人对自然界的过度开发和破坏越来越成为美好生活的障碍。随着科技和经济的不断发展，人类改造自然的能力已经大到足以破坏生态环境的地步，生产力水平的提高带来的全球变暖、工业污染、核污染等副作用严重威胁人类的生存和健康。即便如此，人们仍缺乏生态劳动理念。调查显示，大部分大学生仍然秉持着"人定胜天"的劳动观念，这种观点过去被认为是人的劳动能力的体现，是人战胜自然恶劣环境，创造美好生活的愿景。但是在现代社会背景下，环境污染与生态危机成为了当今世界最为严重的问题之一，甚至威胁到了人类的生存和发展，"人定胜天"的理念应该转变为人与自然和谐相处的理念。当前，大学生生态劳动的观点仍然未能建立起来，是马克思主义劳动观的严重缺失，主要表现在，没有认识到人与自然是一个统一整体，人是自然界的一部分，人类通过劳动获取自然资源，必须符合自然规律，无度索取只会打破人与自然的和谐关系，最终伤害的是人类自己。过度的消费导致过度的生产，部分大学生受消费文化的影响盲目追求物质生活，对物质的消费不是够用就好，而是越多越好。在日常的生活中，不注重对生态的保护，没有垃圾分类的概念，不注重节约用水、用电等行为，没有养成环保意识和良好的生活习惯。所有这些问题都是生态劳动理念未建立起来的表现。

4.3 新时代大学生劳动观存在问题的原因分析

作为一个群体，影响大学生劳动观的因素主要是环境和教育两个方面。分析大学生成长的环境和所受教育，找到大学生劳动观存在问题的根源，可以为加强大学生劳动观培养提供有效突破口。

4.3.1 高校忽视大学生劳动观培养

第一，忽视劳动理论教育。劳动理论教育主要指的是劳动观念方面的理论教育，不包括技能方面的理论教育。大学生劳动观培养需要结合大学生的身心特点开展，区别于中小学的劳动观培养。大学生不通过系统学习很难深入了解劳动并形成正确的劳动观，只有当大学生在理论层面上理解了劳动，尤其是理解了劳动对人类、对社会、对个人的意义，才能真正热爱劳动，具备劳动的责任感及使命感。目前，高校劳动理论教育存在以下几个方面的问题。

首先，高校不重视劳动理论教育。本次调查显示，关于"您的学校是否开设劳动教育必修课程？"的问题，48.56%的受访大学生表示已开设劳动教育必修课程，51.44%的受访大学生表示未开设劳动教育必修课程。开设劳动教育必修课程的高校尚未占到一半。在已经开设劳动教育必修课的高校中，关于"是否有关于劳动理论教育方面的教材"的问题，74.73%的受访大学生作了肯定回答，25.27%的受访大学生作了否定回答（图4-24），可见，在开设劳动教育必修课程的高校中接近三成的高校并没有劳动理论教育方面的教材。另外，本研究通过调研多所高校，搜集了20余所包括普通本科与高职高专院校在内的劳动教育实施方案，分析得出，大部分高校劳动教育的方案均以实践教育为主，满足教育部规定的普通高等学校本科阶段开展劳动教育不少于32学时，职业院校不少于16学时的要求，但是很少涉及甚至没有劳动理论教育，即使在有限的劳动理论教育课时计划中，关于劳动理论教育的内容也相对较少，且内容乏味、枯燥，难以激发学生的学习兴趣。部分高校在教育理念上轻视劳动理论教育，一种观点认为没有进行理论教育的必要，劳动观念的培养只要在实践中锻炼便可以养成。另一种观点则认为劳动理论教育内容十分复杂，大学生学业负担很重，并不需要花费过多的时间去系统学习深奥的劳动理论知识。这两种观点本质是一致的，即不认为劳动理论教育对劳动观形成具有重要的作用，结果导致劳动理论教育始终不被重视。

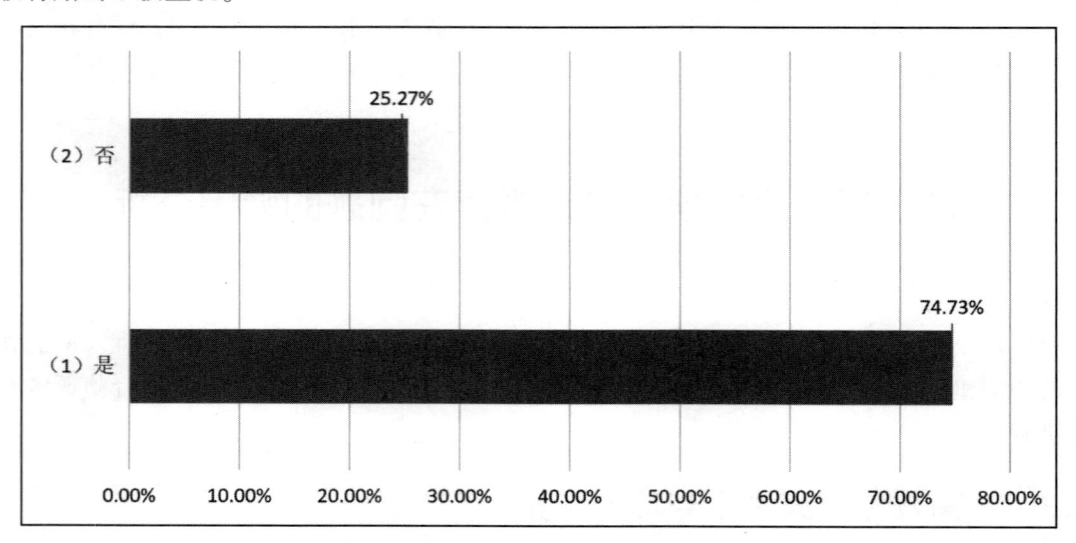

图 4-24 "是否有关于劳动理论教育方面的教材"调查统计

其次，劳动理论教育内容缺乏系统性，缺乏创新性。在系统性方面，劳动理论教育应建立以劳动必修课为主，思想政治教育理论课为重点，专业课、就业创业与生涯规划课程为辅的理论教育课程体系，但在实际的教育过程中，该课程体系尚未形成。具体来说，劳动理论教育应主要依托于劳动必修课程，劳动必修课程的内容应当贯彻马克思主义劳动理论教育的内容。但是目前劳动理论教育的教材建设尚处于起步阶段，高等职业与专科院校的劳动理论教育教材相对丰富一些，普通本科院校的劳动理论教育教材建设相对滞后，很多学校没有劳动理论教育教材。即使有劳动理论教育教材，有些高校的劳动理论教育知识点仍过于零散，没有体现出马克思主义劳动理论教育的系统性，理论教育内容缺乏整合。各高校应根据《关于全面加强新时代大中小学劳动教育的意见》尽快选用适合大学生使用的理论教材，根据本校实际编写劳动理论教育教材。劳动理论教育属于思想政治教育范畴，但是无论是理论性较强的《马克思主义基本原理》《毛泽东思想和中国特色社会主义理论体系概论》《中国近现代史纲要》课程，还是贴近学生生活的《思想道德与法治》课程，都较少涉及与劳动理论教育直接相关的内容，系统性的论述更是少之又少。专业课、就业创业与生涯规划课程中关于大学生劳动相关的内容较多，但是从马克思主义劳动理论教育角度阐明就业、创新创业、生态劳动的内容却也乏善可陈。由于劳动理论教育内容在相关课程中缺乏系统性、连贯性，加之课时的制约，很多劳动理论教育的内容在实际授课过程中被忽略和省略，致使大学生对劳动的深层次目的、意义及劳动对个人与社会的发展作用不具备深刻的认知。

没有突出创新劳动在劳动理论教育中的地位。创新是一个民族进步的灵魂，是一个国家的不竭动力。但在实际的劳动理论教育过程中，劳动理论教育与创新创业教育相脱节的情况较为严重。马克思关于创新劳动的论述不多，主要是因为其聚焦资本主义社会化大生产的生产劳动，与其生活的特定历史条件有关。随着科技的发展，创新劳动被提到越来越重要的地位，这就要求高校必须结合建设创新型国家的要求，将劳动理论教育与创新创业教育内容进行有机整合，突出创新劳动在劳动观教育中的地位。劳动理论教育缺乏时代感是造成大学生对劳动教育提不起兴趣，教育效果不明显的重要原因。当代大学生生活的社会环境发生了翻天覆地的变化，科技使人从繁重和琐碎的体力劳动中解放出来，劳动理论教育既要强调劳动对人的全面发展和社会发展的基础作用，又要使大学生认识到创新劳动与生态劳动的必要性，从理论的高度审视劳动的发展变化与归宿，只有这样才能激发大学生的劳动兴趣，形成适应时代发展的劳动观。

最后，劳动理论教育师资队伍有待建设。针对"哪些老师讲解过关于劳动理论教育内容？（多选）"的问题，调查显示，57.72%的受访大学生选择"思政课教师"，29.62%的受访大学生选择"专业课教师"，58.47%的受访大学生选择"辅导员、班主任"，16.33%的受访大学生选择了"其他"选项，在其他选项中进一步反馈的有76条，其中66条回答无教师讲解过关于劳动理论方面的内容，10条回答自己承担（图4-25）。根据上述问卷调查及本研究对多所高校的调研，目前各高校几乎没有专职从事劳动教育的教师，大部分劳动理论教育由思政课教师、专业教师、辅导员和班主任承担，劳动理论教育师资队伍有待建设，这也印证了一部分学校尚没有开设劳动必修课程，并且在其他课程教学中没有渗透劳动理论教育内容的现实情况。当前，各高校贯彻与落实《关于全面加强新时代大中小学劳动教育的意见》正处于起步阶段，劳动教育必修课程的建设有待于进一步完善。除了与劳动紧密相关的专业，如劳动关系、劳动与社会保障等专业，各高校几乎没有劳动理论教育的专任教师，并且很少有高校组织从事劳动理论教育的相关教师进行劳动理论知识的培训，这直接导致劳动理论教育缺乏并且不够专业的情况出现。

第二，劳动理论教育与实践教育的结合不紧密。"新时代劳动教育的主要使命就是要让学生牢固确立'四个最'的劳动价值观，旗帜鲜明地反对一切不劳而获、贪图享乐、崇尚暴富的错误思想，让中华民族勤俭、奋斗、创造、奉献的劳动精神在一代又一代青少年身上发扬光大。"[1]而要做到这些，必须通过实实在在的劳动实践加以培养，从劳动中体认

---

[1] 陈宝生.全面贯彻党的教育方针 大力加强新时代劳动教育[N].人民日报，2020-03-30(12).

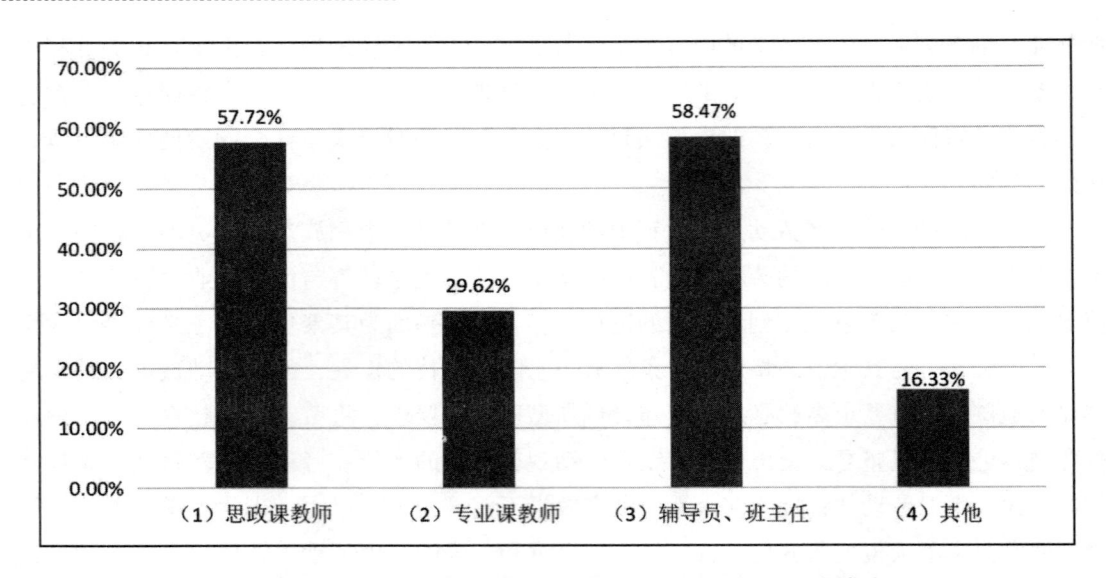

图 4-25 "哪些老师讲解过关于劳动理论教育内容"调查统计

"四个最"的劳动价值，并且形成正确的劳动观。但在实际的劳动观培养过程中，大学生理论教育与实践教育存在脱节现象，没有实现有机的结合，导致大学生劳动出现知行不一的情况。

首先，过于偏重劳动技能教育，忽视劳动观培养。长期以来，对劳动实践教育存在着一种误解，认为劳动实践教育是教会学生实用的劳动技能，几乎不涉及劳动观的教育内容。中小学劳动实践课程，往往涉及包括衣服的洗涤、家庭烹饪、手工缝纫、手工艺制作、家用电器的使用等实用技能。高校则以专业技能实践教育为主，常常以生产实习实训为劳动实践的主要内容，注重技能的培训。部分高校用劳动技能教育代替劳动观培养，在课程教育中没有相关的劳动理论教育，只有专业技能的教育内容，用实习实训代替劳动观培养，没有抓住劳动教育的重点，即培养大学生形成正确的劳动观。毋庸置疑，劳动技能实践教育是促进大学生形成正确劳动观的重要途径之一，但是我们必须认识到，劳动技能教育不能代替劳动观培养。培养德才兼备的社会主义建设者和接班人是劳动教育的目标，劳动技能实践教育更多是注重技能的教育，因此，过多的重视技能教育而忽视劳动观培养，将导致人才培养失去德性的塑造。

其次，有劳无教的情况比较普遍。大学生劳动实践主要是为了形成马克思主义劳动观，培养大学生适应时代发展的劳动精神和品质。但是在劳动实践过程中往往只有单调的机械劳动，劳动的重要意义教育缺失。大学生在劳动过程中没有获得具有教育性的东西，导致有劳无教的情况出现。劳动实践不是单纯的体力付出，它必须有精神的培养，必须突出实践的教育性。根据调查显示，当前高校劳动实践过程中，教师很少讲解关于劳动观的相关知识。针对"在哪种场合老师讲解过劳动观相关知识？（多选）"的问题，调查显示，大学生认为在劳动周或劳动月、社会实践、志愿服务实践活动中，教师讲解关于劳动观相关知识相对较少(图 4-26)。数据说明,目前,很多高校往往只进行单纯的劳动实践而缺少劳动观教育环节,劳动实践教育趋于形式化。以"劳动周"或"劳动月"为例,很多高校开展"劳动周"或"劳动月"往往是配合教学大纲而设置的形式化课程,没有专业的教师对开展"劳动周"或"劳动月"实践意义进行说明,缺乏相应的监督、总结、评价环节。还有一些高校把"劳动周"或"劳动月"变相改成专业实训周,用作学习职业技能,与劳动观培养没有必然联系。

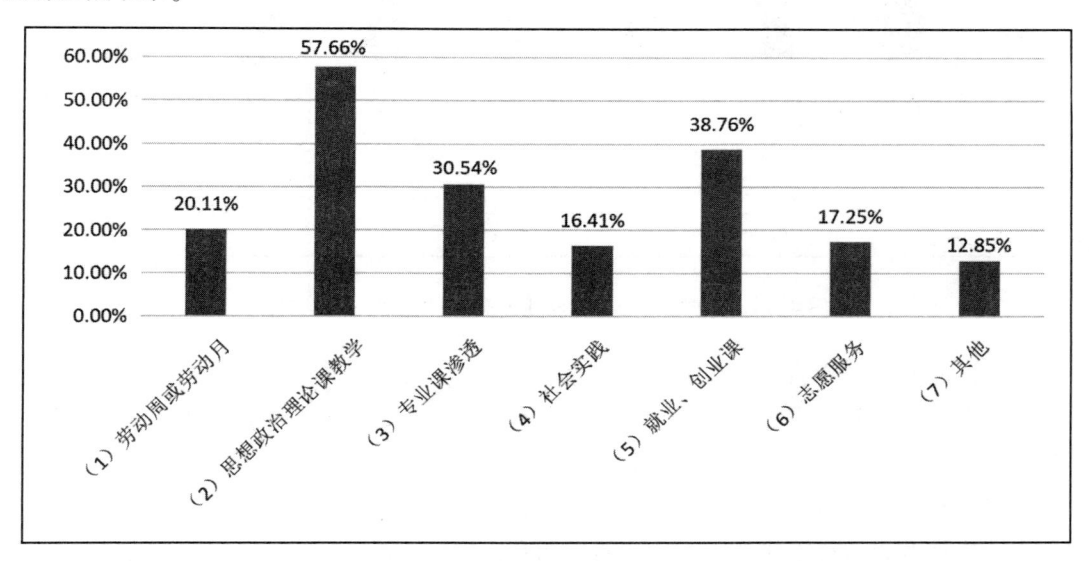

图 4-26 "在哪种场合老师讲解过劳动观相关知识"调查统计

4.3.2 家庭劳动观培养普遍缺失

马卡连柯指出:"在家庭里获得了正确劳动教育的儿童,以后就会很顺利地完成自己的专门教育。"❶他还指出:"劳动最大的益处还在于人们的道德上和精神上的发展。"❷家庭是培养孩子树立正确劳动观,养成良好劳动习惯的起点。问卷显示,家庭对于大学生劳动观的影响很大,在"谁最能影响大学生对劳动的认识"(多选)的问题中,70.63%受访大学生认为父母最能影响自己的劳动认识,其次是辅导员、班主任及思政课教师(图 4-27)。父母是孩子的第一任老师,家庭教育是影响孩子劳动观形成的重要因素。父母对子女的影响是全面且深刻的,如果父母的劳动观教育正确,将会很好地促进子女形成正确和积极的劳动观,反之,父母灌输错误和消极的劳动观,则会在一定程度上影响子女正确的劳动观的形成。当前,大学生出现的劳动观问题,家庭教育负有不可推卸的责任。

---

❶ 马卡连柯.马卡连柯教育文集(下)[M].北京:人民教育出版社,2004:531.
❷ 马卡连柯.马卡连柯教育文集(下)[M].北京:人民教育出版社,2004:531.

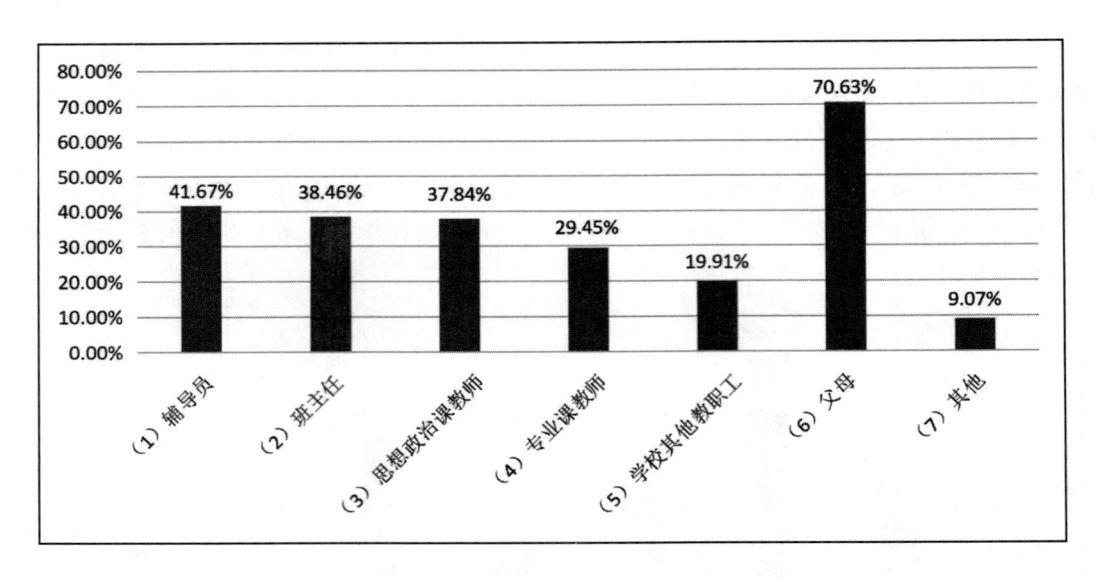

图 4-27 "谁最能影响大学生对劳动的认识"调查统计

第一，轻视体力劳动。很多中国家庭对子女的学习成绩非常重视，相比于脑力劳动，体力劳动则显得不那么重要。受传统思想的影响，家长普遍认同"学而优则仕"的观点，在很多家长的观念里，体力劳动对孩子的教育意义远小于脑力劳动（学习），忽视体力劳动的现象比较普遍。在升学的压力下，很多家长认为孩子参加体力劳动会浪费时间，错误地把体力劳动与脑力劳动对立起来，尤其在高考期间，家长选择不让孩子分心，搞好一切后勤工作，不耽误孩子的学习时间是大部分家长的选择，这样一来，许多学生升入大学以后自理能力不足，产生把穿过的衣服打包回家让父母代为清洗、雇人打扫宿舍卫生等现象也就不足为奇了。很多家长把轻视体力劳动的错误思想灌输给孩子，常把"不好好学习就去干苦力"挂在嘴边，使孩子从小留下体力劳动卑微的刻板印象。待到升入大学，家长期望孩子找到一份"体面"的工作，这些工作常常具有较为稳定、不从事体力劳动的特点，这些期许潜移默化地影响着大学生的劳动观，造成大学生歧视体力劳动者，不能正确看待社会分工，人为地把职业分出高低贵贱。

第二，家庭结构造成劳动观培养难以取得成效。当代中国的家庭结构大多数都是"4+2+1"的模式，孩子是整个家庭围绕的中心，从小到大家长几乎包办了孩子的一切体力劳动，导致大学生欠缺自立能力。由于祖孙三代共同教育孩子，当遇到困难需要付出辛勤劳动时，教育理念的不一致往往使孩子有选择回旋的余地，求助于更加宽容的祖父母往往奏效，从而影响他们价值观的形成。这种家庭结构给了孩子足够的优越感，影响着他们对劳动价值的判断，造成当代大学生普遍缺乏艰苦奋斗的优良作风。另外，出于对孩子的疼爱，怕孩子吃苦的心理促使家长尽量满足孩子的物质需求，导致很多大学生不懂得财富获得的艰辛，形成了坐享其成的心理，不懂得体谅父母的辛劳，不懂得珍惜劳动成果，肆意挥霍金钱，与人协作的能力不足。家长过度地呵护，将孩子置于温室之中，必然导致部分大学生形成贪图安逸、不思进取的心理。

4.3.3 受到社会不公正劳动分配现象的影响

人是一切社会关系的总和，社会环境对人的影响至关重要。当前社会出现的问题，比如贪污腐败、急功近利、好逸恶劳等不良社会现象的出现以及"网红""啃老族""佛系青年"等现象的大量存在，与社会价值观异化尤其是与劳动有关的价值观认识偏差密切相关。

第一，一些不良的社会环境影响着大学生正确劳动观的形成。一是西方不良思潮的影响。在全球文化融合及市场经济条件下，西方一些不良思潮不断传入我国。历史虚无主义思潮将劳动创造财富，劳动促进人的全面发展，劳动推动历史进步的科学思想彻底消解，动摇着大学生对劳动价值观的认可；拜金主义与享乐主义思潮把获取金钱视为劳动的唯一目的，导致大学生对待劳动的态度消极，崇尚庸俗的消费主义；功利主义导致大学生只讲索取、不讲奉献，自我中心严重。由于大学生的价值观正处于形成阶段，这些文化思潮极易动摇大学生对劳动的正确认识。二是消极的传统文化的影响。中华文明源远流长，五千年的文明史留下了许多光辉灿烂的文化，但是也有许多消极文化成为阻碍社会进步的因素。最为典型的是儒家的"学而优则仕""劳心者治人，劳力者治于人"等官本位思想。这些曾被封建社会奉为圭臬的思想，严重地影响了中华民族的发展，虽然这些消极思想已经不为主流价值观所接受，但它们仍潜在地影响着人们的价值判断和行为。受这些官本位及等级思想的影响，很多大学生升入大学后便自认为是"仕"的阶层，比体力劳动者高出一个层次，殊不知，在社会主义国家中，体力劳动与脑力劳动不分贵贱，都是光荣的。儒家的中庸思想也一定程度上阻碍着大学生的创新劳动实践，中庸思想主张凡事都要不偏不倚，不主张突出又不甘于堕落。这种思想严重地阻碍了大学生批判思维的发展，不愿接受新鲜事物，禁锢了创新思维的形成。三是市场经济不良风气的影响。改革开放40多年，中国特色社会主义市场经济取得了巨大成功，市场经济在带给社会巨大进步的同时，也造成了贫富差距加剧，严重地影响了大学生对劳动的看法，很多大学生把获得金钱视为劳动的唯一目的，渴望一夜暴富。四是科技进步的影响。人类社会正经历着第四次产业革命，人工智能、大数据等高科技的发展深刻地影响着人们的价值观。当前，我国正处于产业转型阶段，人工智能代替了部分体力劳动。因此，有人认为，产业工人将被机器人所代替，工人阶级将沦为无用阶级，这种想法过度放大了机器的作用，贬低了体力劳动的作用，加剧了轻视体力劳动及劳动者的错误认识。五是媒体不负责任的炒作。科技的飞速发展，网络传播的速度和影响力都得到了极大的提高，有些网络媒体为了获得点击量、蹭热度，不负责任地炒作争议事件，误导大学生产生错误的劳动观，比如郭美美炫富、"宁在宝马车中哭，不在自行车上笑"的相亲节目、凤姐成名等事件。在媒体高度发达的今天，媒体的影响力十分巨大，必须阻断不负责任的媒体对错误思想的传播。

第二，我国社会发展的不平衡不充分的现实影响着大学生形成正确的劳动观。当前，我国的分配方式是按劳分配为主,多种分配方式并存,但是由于我国经济社会正处于转型期,分配制度有待进一步完善,部分分配不公平的现象导致大学生不相信勤劳致富。当前,我国仍处于社会主义初级阶段,城乡二元结构仍较为明显,城乡、地区之间的收入仍存在较大差距,文化、卫生、医疗、教育等方面地区间差异明显,不同岗位、行业待遇和差距较为明显,比如有些明星、高管等收入过高,而一线工人、科学家、农民等收入过低,少数的贪官污吏腐败现象仍然存在。这些社会现象的存在,致使部分大学生对勤劳致富、劳动光荣等正确劳动观产生怀疑和否定,使部分大学生对学校劳动观教育产生怀疑,不断撕裂着大学生的认知,形成错误的劳动观。调查数据显示,在被问及社会收入差距过大是否会影响大学生对"以辛勤劳动为荣"的看法时,63.98%的受访大学生给予了肯定回答,中立比例是25.21%,不认同的比例仅有10.81%(图4-28)。可见,不公正的劳动分配制度是大学生劳动观产生问题的重要原因之一。

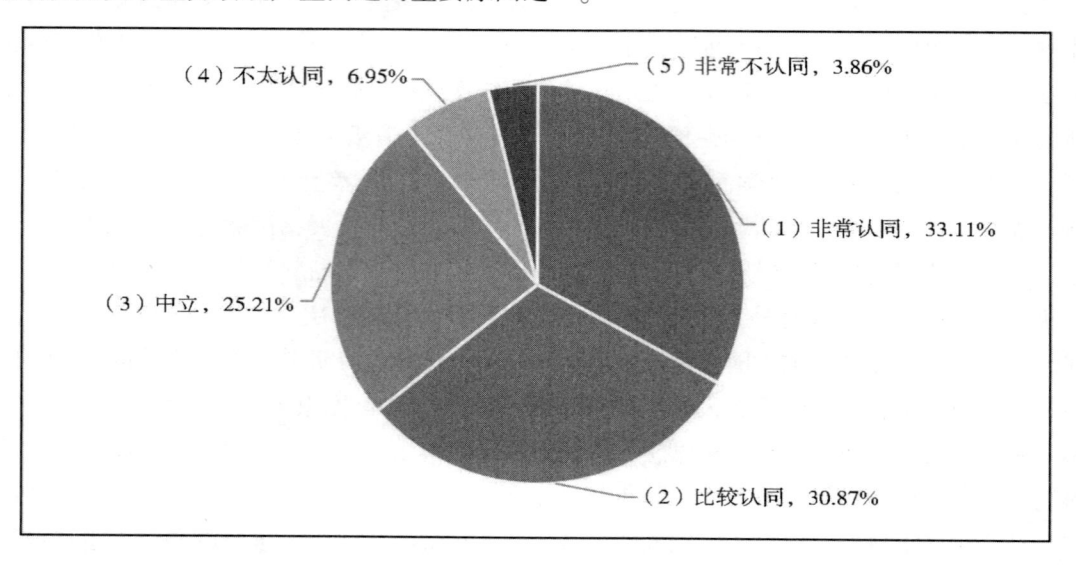

图4-28 "收入差距过大是否影响大学生对'以辛勤劳动为荣'的看法"调查统计

综上所述,大学生表现出的劳动价值认知趋向功利化、"一夜暴富"心理、艰苦奋斗和创新劳动精神缺失、诚信与生态劳动理念欠缺等,不仅有学校劳动观教育的原因,也有家庭教育、社会环境的原因。因此,培养大学生树立正确的劳动观需要高校、家庭、社会形成合力,建立起大学生劳动观培养的长效机制。

总而言之,通过本次调查我们发现当代大学生劳动观总体是积极向上的,但也存在着一些问题,并且通过数据和相关资料分析了当代大学生劳动观存在问题的原因。相比于2020年8月份关于新时代大学生劳动观培养研究的调查(见论文第五章)❶,本次调查的目标大学生群体没有变,调查问卷问题也没有变,这样更有利于我们分析当前大学生劳动观

---

❶ 李文俊.新时代大学生劳动观培养研究[D].沈阳:辽宁大学,2021.

教育开展的现状，摸清存在的问题及分析产生问题的原因。

通过前后两次问卷调查的对比我们发现，相比于两年前大学生劳动观整体上没有显著变化，但是也有一些改变，抓住这些变化有利于我们针对性的提出建议，促进大学生形成正确的劳动观。

首先，当前大学生的劳动观更加积极。对比上一次问卷调查，我们发现本次关于大学生劳动观的调查结果，大学生的劳动观更加积极向上。基本上所有关于劳动观问题的回答都较上一次调查更加正面和积极，例如当被问及"您参加过创新创业实践活动吗？（单选B17）"本次调查显示66.51%的大学生参加过创新创业实践活动，比上一次提高了10.51个百分点；对比"本科与高职高专院校践行劳模精神和工匠精神比较（见图4-18）"调查统计发现，经过两年的劳动教育，本科生和高职高专生对是否愿意践行劳模精神和工匠精神的差距有了明显减少，上一次调查显示高职高专院校的学生对劳模精神和工匠精神的认同度整体上高于本科院校的学生，高职高专"非常认同"的比例比本科生高出6.34个百分点，而本次调查显示高职高专"非常认同"的比例比本科生高出3.28个百分点。结合高校的教师访谈和搜集相关资料等，我们可以看到近两年来的大学生劳动观教育取得了很大进步。有些高校每学年专门开辟了"劳动周"或者"劳动月"，围绕劳动开展主题教育，联合教务处、学生处、工程训练中心等多部门联合开展劳动教育，取得了较好的效果，大学生劳动观更加积极和正面。

其次，当代大学生劳动观的问题仍然存在，并且在某些方面较为突出。大学生在不涉及个人利益的基础上一般能够做出正确选择，但一旦涉及个人利益，便会出现较多的分歧，从大学生对喜欢明星的作答中可以看出，如果是自己喜欢的明星，他们的容忍度比较高。在人与自然的关系方面，仍然存在着忽视人和自然和谐相处、天人合一的理念。从本次问卷调查分析来看，大学生劳动观呈现的问题少于两年前，但也没有比较明显的差异。有些问题甚至没有差异，通过问卷调查，我们发现当前大学生较为突出的问题是知行不一。例如在问及"寒暑假，您在家中每天的劳动（主要是家务劳动、农活等体力劳动）时长？"5.28%的受访大学生表示"不劳动"，7.51%的受访大学生劳动时间在"10分钟以内"，29.3%的受访大学生劳动时间在"10~30分钟"。这一调查结果与2020年的调查结果基本一致，大学生劳动时间并没有明显提升，反而有所下降。大学生劳动观培养不仅涉及知的层面，更涉及态度、情感和实践的层面，这是一个良性互动的过程，因此，仅有劳动认知没有劳动实践是不能形成正确劳动观的。这些问题的存在，仍然需要加强大学生的劳动观培养。

最后，传统劳动观教育问题与新形势下劳动观教育问题并存。我国一直十分重视劳动教育，尤其在新时代条件下，如何加强大学生的劳动教育成为一个紧迫的教育任务。2020年3月，中共中央、国务院发布《关于全面加强新时代大中小学劳动教育的意见》，2020年7月，教育部印发《大中小学劳动教育指导纲要（试行）》，对大中小学劳动教育做出更为详细的部署及安排。2020年8月，笔者的博士论文关于新时代大学生劳动观培养研究的调查，是在两个重要文件颁布不久后进行的，当时很多高校在加强新时代大学生劳动教育方面处于刚刚起步阶段。因此，当时调查发现，很多高校劳动观教育存在很多问题，导致大学生劳动观出现了一些问题。虽然从2020年刚起步到现在，我国高校建立起了较为完备的新时代劳动教育体系，但本次调研仍反映出大学生劳动观教育存在一些老问题，也面临着一些新问题。

从问卷调查的结果来看，过去存在的问题依然存在，比如很多高校劳动观教育仍然比较零散，没有学科归属。例如在问及大学生关于"您的学校是否开设劳动教育必修课程？"的问题，48.56%的受访大学生表示已开设劳动教育必修课程，51.44%的受访大学生表示未开设劳动教育必修课程。虽然开设劳动教育必修课程比例较上次调查问卷高了3.89个百分点，但开设劳动教育必修课程的高校尚未占到一半。在已经开设劳动教育必修课的高校中，关于"是否有关于劳动理论教育方面的教材？"的问题，74.73%的受访大学生作了肯定回答，25.27%的受访大学生作了否定回答（图4-24），使用教材的比例较上次问卷调查有了较大幅度的提高，但仍然接近三成的高校并没有劳动理论教育方面的教材。这也说明当前劳动观教育存在学科归类依然不明确、组织单位分散、考核单位不明确等问题，这也是当前大学生劳动观教育的问题所在。同时，我们还可以看到，在新的经济形势和新技术条件下，导致当代大学生劳动观存在问题的因素有所增加。受众多因素影响，当前世界经济处在一个相对低谷的历史时期。同时，由于我国当前大学毕业生人数逐年增加，美国对我国高新技术企业的打压和制裁，就业岗位也在缩减，导致当前大学生就业出现暂时困难的情形，动摇了大学生对付出就有回报的理解，从而对劳动产生误解。同时，以ChatGPT为代表的生成式人工智能横空出世，也动摇了部分大学生对于劳动的正确理解，部分大学生认为将来人类的劳动将失去意义，或者人类将被人工智能所取代。另外，现代自传媒的高度发展也影响着大学生对劳动观的判断，尤其是一些所谓宣传辛勤劳动无用，教人如何一夜暴富的网络大V不负责任的言论，严重影响着大学生的劳动观。其实不论是传统劳动观教育存在的问题，还是新的因素导致大学生劳动观出现问题，都是没有抓住马克思主义关于劳动教育的科学理论和实践探索，因此，针对当前大学生劳动观培养出现的问题及其形成的因素，我们要抓住理论和实践两条路线，通过家庭、社会、学校三个渠道影响和教育大学生树立科学的劳动观，培养大学生成为社会主义建设者和接班人。

5 新时代大学生劳动观培养的目标、原则与内容

大学生劳动观培养需要确定明确的目标，并遵循教育的基本原则，构筑完善的培养内容体系。培养目标是确定劳动观培养所需达到的预期效果，也是衡量教育有效性的标准；培养原则是开展劳动观培养所需遵循的基本准则；培养内容是大学生劳动观培养目标的具体展开和实现。明确培养的目标、原则和内容，有助于增强大学生劳动观培养的针对性和实效性。

5.1 大学生劳动观培养的目标

恩格斯指出："在社会历史领域内进行活动的，是具有意识的，经过思虑或凭激情行动的、追求某种目的的人；任何事情的发生都不是没有自觉的意图，没有预期的目的的。"同样，思想政治教育实践活动也有其目标，"思想政治教育的目标，就是教育的领导管理者，根据党和国家在特定历史时期的纲领、路线，根据社会发展和人的发展的客观要求，对思想政治教育所应达到的效果而提出的指标要求。"新时代大学生劳动观培养的目标是指通过有计划、有目的的教育手段，根据新时代社会发展对培养时代新人和全面发展的社会主义建设者和接班人的要求，在一定时期达到预期的教育效果。

5.1.1 形成马克思主义的劳动认知

当代大学生大多数是"95后""00后"的一代新人，他们成长在中国经济高速发展的时期。相比于从前的大学生，他们对于体力劳动的认知十分有限，对于体力劳动缺乏基本的认知，即使在农村长大的大学生，对体力劳动也不是十分熟悉，因此确立形成唯物史观的劳动认知十分必要。劳动认知是对劳动的基本看法和认识，是劳动观的基本组成成分，在

劳动观形成中起着基础性的作用。首先，要帮助大学生认识劳动是人类特有的社会实践活动。劳动不仅创造了人，而且创造了人类社会，是推动社会进步和发展的动力，也是实现人类解放的途径。因此，劳动的历史地位和作用是根本的、不可替代的。"任何一个民族，如果停止劳动，不用说一年，就是几个星期，也要死亡。"大学生要认同马克思主义关于劳动创造人和人类社会的观点，这不仅仅是劳动观的基本内容，也是世界观的重要内容，只有从唯物主义的角度认识劳动的地位和历史作用，才能为劳动观培养奠定良好的基础。其次，帮助大学生正确认识劳动的目的和意义。在对"劳动就是为了赚钱"的回答中，有39.27%大学生回答了"非常认同"，可见仍有部分大学生对劳动的目的认识存在偏差。为防止出现对劳动的目的和意义的狭隘理解，我们需要教育大学生认识到劳动不仅是谋生的手段，更是获得财富和人生幸福的源泉。劳动观教育可以在马克思主义劳动理论的基础上阐明劳动是幸福的来源，也要阐明"劳动是财富的源泉，也是幸福的源泉"，并且形成"以辛勤劳动为荣，以好逸恶劳为耻"的认知。最后，教育大学生正确认识劳动分工。劳动分工是社会发展到一定阶段的结果，最早出现的是精神劳动和物质劳动的分工。在资本主义社会中，剥削阶级往往从事脑力劳动，而无产阶级往往从事体力劳动。我国是社会主义国家，劳动人民的地位一律平等，应教育大学生树立"一切劳动，无论是体力劳动还是脑力劳动，都值得尊重和鼓励"的劳动理念，形成劳动没有高低贵贱之分，任何职业都是光荣的观点。总之，新时代大学生劳动观培养的认知目标应使学生能够理解和形成马克思主义劳动观，牢固树立劳动最光荣、劳动最崇高、劳动最伟大、劳动最美丽的观念。

5.1.2 激发热爱劳动的情感

劳动感情是伴随着劳动认识而产生与发展的，劳动感情是对待劳动的爱憎好恶的态度，是一种非智力因素，具有较为稳定的特征。劳动感情对于劳动行为具有重要的调节作用，如果人们对劳动怀有喜爱之情，自然会主动参加劳动，否则便会不参加劳动或消极应付劳动。大学生仅仅形成正确的劳动认知还不够，必须激发他们热爱劳动和劳动人民的情感。当代大学生正处在经济社会转型的重要时期，全球化和"互联网+"的迅速发展加速了思想的碰撞和交流，多元文化也给大学生的劳动思想带来了一定的冲击。因为，大学生接触劳动的机会少，又缺乏良好的劳动氛围，他们很难形成热爱劳动的真挚感情。除了环境因素影响大学生劳动感情外，大学生对劳动是否有兴趣，直接决定了他们是否热爱劳动。爱因斯坦说过"兴趣是最好的老师"。培养热爱劳动的感情，需要让大学生参加劳动实践，在劳动中收获成功、收获喜悦、体会劳动幸福，通过辛勤劳动才能创造美好生活，促使大学生对劳动产生兴趣，发自内心地热爱劳动。培养大学生热爱劳动的情感目标是"体会劳动创造美好生活，体认劳动不分贵贱，热爱劳动，尊重普通劳动者"。具体来说，培养大学生以辛勤劳动为荣的情感目标，让大学生树立劳动创造美好生活，劳动开创未来，不劳动将一无所获的劳动观点；培养大学生热爱劳动和劳动人民的情感目标，教育大学生体悟到劳动人民是推动历史进步的主体力量，普通劳动者的辛勤劳动为社会的运转提供支撑，他们的劳动值得尊重；培养大学生珍惜劳动人民的劳动成果的情感目标，通过对大学生的教育，让他们知晓劳动的艰辛，树立节俭光荣，浪费可耻的劳动观。

5.1.3 培养"勤俭、奋斗、创新、奉献"的劳动精神

劳动精神体现的是一种意志品质，人们在劳动的过程中，往往会遇到各种阻力和困难，劳动精神和意志是劳动过程中自觉地克服困难和排除障碍的毅力和精神风貌。劳动精神是劳动观的重要组成部分，在劳动观培养中处于核心位置，只有坚持良好的精神风貌才能使大学生养成良好劳动习惯。当代大学生存在不愿吃苦，在工作中稍微遇到挫折便消极回避，自暴自弃等现象，这些都是缺乏劳动精神的表现。中共中央、国务院印发的《关于全面加强新时代大中小学劳动教育的意见》提出："培养勤俭、奋斗、创新、奉献的劳动精神"，为大学生劳动观培养确立了目标。

首先，教育大学生形成勤俭的劳动作风。中华民族自古就有勤俭的传统美德，勤与俭相伴而生，只有辛勤劳动才能体会劳动的不易，也才能懂得节俭的重要性，正是靠着勤俭的劳动精神，中华民族才能在一次又一次的困难中发展壮大，形成了五千年不间断的文明史。当前大学生物质生活优越，不懂得劳动的艰辛，容易形成盲目攀比的作风，勤俭精神的缺失较为严重。因此，帮助大学生形成勤俭的劳动精神是当前劳动观培养的当务之急。

其次，引导大学生形成艰苦奋斗的劳动精神。"民族复兴的使命要靠奋斗来实现，人生理想的风帆要靠奋斗来扬起。"中华人民共和国成立以来不断取得的成绩表明，实现中华民族的复兴离不开亿万中国人民的艰苦奋斗。当前我们正处在中华民族伟大复兴的征程中，只有大学生树立继承和发扬艰苦奋斗的劳动精神，把祖国的繁荣与个人的理想结合起来才能真正实现建设社会主义现代化强国、实现民族复兴的中国梦。因此，大学生劳动观培养的一个重要目标便是艰苦奋斗的劳动精神。

再次，提高大学生创新劳动的能力。知识经济时代要求劳动者不仅要热爱劳动、懂技术，而且要求劳动者具备创新的能力，这就要求新时代的大学生要树立创新劳动的意识，懂得创新是不竭的动力，懂得创新劳动的重要性，创新劳动将是未来劳动的主流。劳动观培养的重要目标就是提高大学生的创新劳动意识，让他们积极创新、不断增强创新劳动的能力，成为适应新时代的劳动者。

最后，引导大学生树立无私奉献的精神。无私奉献的劳动精神，是对劳动真谛的理解，是对国家和民族的责任。培养大学生无私奉献的目标是让大学生深刻理解劳动是促进自身发展的途径，在劳动中为他人、为社会做贡献是实现人生价值的途径，也可以收获幸福。同时，无私奉献的劳动精神也体现个人对国家的责任，是中国不断取得进步的法宝。通过劳动观的培养，让大学生树立无私奉献的精神，使大学生乐于付出，甘于奉献。

5.1.4 诚实、守法、生态的劳动信念

劳动信念在劳动观的构成中属于更稳定层次的心理状态和思想品质，劳动信念与劳动行为联系更加紧密，是经过人的理性思考和经验积累后的行为指南。诚实劳动就是要在平时的工作和学习过程中做到踏踏实实工作、实事求是，唯有诚实劳动才能在工作和生活中取得成绩。同时要教育大学生树立守法劳动的理念，合法的劳动才是被允许的社会劳动，是对劳动者的基本要求，如果不懂得自觉遵守劳动的法律法规，再辛勤的劳动都将一事无成并且受到法律的制裁。诚信劳动的品德，不仅是大学生劳动观培养的目标，也是社会主义核心价值观的要求。同时，诚信地劳动也维系着劳动关系的和谐与稳定，和谐劳动涉及到人与人、人与自然两方面的和谐。我国是社会主义国家，在社会主义市场经济条件下，劳动关系是最基本的社会关系，劳动关系的和谐与否直接关系整个社会的和谐与稳定。培养大学生诚信地劳动既是对大学生劳动观培养的最低要求也是最高要求，因为诚信劳动是每个公民都应当遵守的劳动规范，但同时真正做到在利益冲突面前也能自觉诚信地劳动则是考验一个人的品德的试金石，培养大学生诚信地劳动品德，就是要让大学生养成较高的劳动道德，在劳动过程中自觉贯彻劳动诚实守法的劳动信念。

同时，生态劳动是顺应自然规律的人类实践，符合人与自然和谐共存的理念。生态劳动观具有为了人类的长远利益，宁可放弃眼前利益的大局观，因此是一种劳动品德。培养人与自然和谐共生的劳动理念是大学生唯物史观认知培养目标之一。人类在大自然面前是十分渺小的，但随着资本主义社会化大生产的兴起，人类对自然资源的开发日渐过度，环境逐渐遭到破坏，人类所面临的环境问题日益危及人类的生存。生态马克思主义通过对资本主义生产动机的研究，认为资本主义追求利润最大化的生产逻辑是造成生态问题的根源。可见，要保持人类与自然的和谐共处，处理好生产劳动与消费的关系是关键。教育大学生形成艰苦朴素，减少不必要的消费，反对铺张浪费的消费理念。在中国经济新常态的条件下，在生产劳动过程中要提倡技术革新，提高劳动生产力，实现经济发展方式从粗放型向集约型转变，大力发展生态经济和生态劳动，实现经济又快又好发展，从而实现人和自然的和谐发展。

5.1.5 积极投身劳动实践并养成良好的劳动习惯

大学生劳动行为是对劳动认知、劳动情感和劳动品质的具体检验，是实践维度的教育目标。思想和行为往往表现为一致性，因而可以通过思想预知人的行为，通过行为分析人的思想。但是，在劳动实践的过程中，大学生劳动往往出现知行不一的情况，为了实现知行合一，需要实现大学生劳动观的内外转化。内化即是将大学生劳动观教育的认知目标、情感目标、品质目标内化为大学生的思想体系，使之成为自己品德意识体系的有机组成部分的过

程。外化则是大学生将已经通过内化形成的劳动观点转化为实际劳动的过程。大学生劳动观教育的目标是实现大学生积极参加创新创业实践、主动就业、参加志愿服务，实现劳动观教育的内化与外化有机结合，理论与实践的有机结合，达到劳动观教育的预期效果。

第一，引导大学生积极参加大众创业、万众创新劳动实践。创新劳动是未来劳动的主流形式，大学生是创新劳动的主力军和生力军。近年来，高校推动一系列创新、创业活动，极大地激发了大学生创新创业的热情，但在实际的操作过程中，大学生创新创业只是停留在理论的层面上，没有进行积极的创新创业实践，导致创新创业成了一种口号。实际上，主动参加创新创业实践活动的大学生只占总数的一部分，那些被动参加的大学生只是为了满足学校的规定，没有认识到创新劳动的重要性。很多大学生不懂得将创新劳动思维用于解决具体的实际问题，造成理论与实践的脱节。创新创业必须踏踏实实的进行劳动，必须在劳动实践中检验创新劳动的成果，没有捷径可走，很多大学生不具备"板凳甘坐十年冷"的决心和毅力，遇到困难便选择放弃，不愿意尝试创新劳动，循规蹈矩思维严重。因此，引导大学生积极参与大众创业、万众创新的劳动实践活动，教会他们运用创新思维解决工作学习中遇到的难题，是劳动观教育的实践目标、重要维度。

第二，引导大学生积极主动就业。大学生就业难已经成为了国家、社会、学校、家庭共同关注的问题。社会和学校为大学生就业创造了各种有利条件，为大学生顺利就业创造了多种岗位。但在实际的求职过程中，部分大学生对就业的态度不积极，不愿意付出辛苦，对工作挑三拣四，宁可选择"啃老"也不选择进工厂、下基层。有调查显示，"影响大学生就业选择的三大主要因素是'劳动报酬（工资待遇）''是否符合个人兴趣或发挥个人专长''升职空间'"，劳动报酬成为了影响择业的第一因素。而对于"假如毕业时，暂时还没有找到理想工作，现在有一份以体力劳动为主、报酬一般的工作岗位，您也符合招录条件，您的态度"的问题，只有"28.5%的受访大学生选择'乐于接受，踏踏实实地干'"[1]，可见，大学生就业难的问题，不是社会缺少工作岗位，不是不需要人才，而是大学生在择业观上出现了问题。部分大学生将就业目标定位于党政机关、国有企业、外资或者合资企业，满足不了就业目标，其他岗位便不予考虑，这也是造成当代大学生慢就业、难就业、不就业的重要原因。为了改变当代大学生就业不积极不主动的现状，应当鼓励他们到基层锻炼，到祖国最需要的地方去锻炼，使他们感受到广大基层大有可为。应在大学生在校期间结合社会实践，引导大学生了解基层工作，了解多种社会工作岗位，体会普通劳动者的伟大和幸福，引导大学生积极主动就业。

第三，广泛参加志愿服务实践活动。大学生对劳动的认识存在两种较为极端的看法，一种是不愿意劳动、鄙视劳动，另一种是只愿意从事有偿的劳动。马克思主义劳动观始终强调劳动创造了人以及人类社会，劳动是人类的存在方式和本质特征，是人类全面发展的

---

[1] 李珂. 嬗变与审视：劳动教育的历史逻辑与现实重构[M]. 北京：社会科学文献出版社，2019：185.

唯一途径。促使大学生理解上述观点，仅仅靠课堂教学难以实现，大学生必须通过亲自参加劳动才能体会劳动意义和作用。志愿服务作为一种实践活动形式，可以使大学生充分理解劳动的真谛，因为在志愿劳动的过程中，大学生可以充分运用自己的知识服务人民、服务社会、服务他人，在志愿劳动中培养奉献社会的精神，并且体会劳动的幸福感和获得感。志愿服务是大学生劳动观教育和承担社会服务职能的载体，不仅能激发大学生的奋斗实践热情，坚定为中国梦矢志不渝的奋斗志向，而且能够使学生迅速适应社会，有助于培养他们团结互助服务社会的意识和精神。志愿服务实践活动可以使青年一代迅速成长，是实现劳动观培养目标的有效途径，2008年汶川地震，很多"80后"大学生成为志愿者，他们在志愿服务中成长，迅速成为了社会的中坚力量。总之，引导大学生广泛参与到志愿服务活动中是劳动观教育有效实践手段。

5.2 新时代大学生劳动观培养的原则

因此，大学生劳动观培养的原则是依据劳动观培养的实践总结出来的，必须符合劳动观培养的目的，反映劳动观培养的规律，即遵循合目的性与合规律性的辩证统一。

5.2.1 坚持以学生为主体

"主体原则是指思想政治教育者在开展教育活动时，应充分尊重教育对象的主体地位，注意调动其自我教育的积极性以达到思想政治教育目标的行为准则。"[1]"在整个教育活动中，学生始终是主体，这是由教育的基本特点和任务所决定的"[2]。在劳动观培养的过程中，学生不是被动地接受教育的对象，而是不断地进行自我教育的主体。教育者的教育影响只有通过学生的主动内化，才能真正实现教育目标。另外，在社会主义市场经济日渐深化的今天，大学生的目标追求、思想观念日趋多元化，获取信息的渠道日益广泛。劳动观培养不能沿用过去片面强调教育者主体的作用，采取单纯灌输的策略，而必须进行更加平等和民主的双向交流。因此，为了提高大学生劳动观培养的效益，大学生劳动观培养应坚持以学生为主体的培养原则。

第一，充分肯定学生的主体地位，发挥教育者的主导作用。劳动是推动社会进步的动力，也是个人生活幸福的源泉。新时代劳动观培养要突出学生的主体地位，激发学生的主体意识，回归劳动是人的第一需求的本质，引导大学生通过劳动追求幸福生活，激发志愿

---

[1] 陈万柏，张耀灿.思想政治教育学原理(第三版)[M].北京：高等教育出版社，2015：210.
[2] 黄济.雪泥鸿爪——新中国教育哲学重建的探索[M].北京：北京师范大学出版社，2010：52.

服务、奉献社会的劳动精神。新时代大学生劳动观培养在注重学生主体地位的同时,要充分发挥教育者的主导作用。强调以学生为主体的原则,并不是否认教育者的主导作用,而是要更好的发挥教育者的主导作用。教育者的主导作用发挥得越好,学生的主体地位才能得到更充分的调动。因此,为调动学生的积极性,高校应承担起劳动观培养的主体责任,确保开足、开齐劳动观培养课程,科学设计课内外劳动项目,协调组织好大学生的校内、校外劳动实践。高校应采取多种措施对教师进行培训,提高他们的劳动观培养的理论和实践素养。身教胜于言传,高校应加强教师师德师风教育,提倡教师以身作则,率先垂范,在实际的劳动过程中做出表率,为学生树立榜样,为教师发挥主导作用奠定良好的基础。同时,高校和社会应着重建立正向的激励机制,评价起着导向和监督的作用,对于表现突出的学生给予物质上和精神上的激励,形成人人争先的劳动氛围,激发学生的主体意识。

第二,注重培养学生的自我教育能力。"授人以鱼不如授人以渔。"教育不仅是简单的教授,而是要通过教育达到学生具有自我发展、自我提高的能力,这也是劳动观培养以学生为主体原则的核心内涵。大学生与中小学生在自主能力方面具有显著的不同,大学生大部分已经成年,具有明显判断是非的能力,具备非常强的自我教育能力。大学生劳动观培养必须注重培养大学生的自我教育能力,让他们在劳动中体悟劳动的目的、作用和意义。引导大学生通过各种途径学习马克思主义劳动理论及其最新成果,在劳动实践中正确地认识劳动,恰当地评价自己的劳动,合理地调节劳动,从而形成较强的自我教育能力,使大学生形成新时代劳动观。另外,提升大学生劳动观培养的自我教育能力的另一个方法是通过朋辈的互帮互助教育。劳动观培养的主体性原则,既强调大学生进行自我教育,也倡导朋辈之间的互帮互助。大学生群体的特点是群体之间的交流十分频繁,大学生接受新鲜事物快,彼此之间不存在沟通障碍,某些方面,朋辈的影响甚至超过教师对其教育的影响,因此,劳动观培养也要重视朋辈之间的示范和影响作用。

5.2.2 劳动理论教育和劳动实践相结合

正确劳动观的形成既需要劳动理论的学习,也需要通过劳动实践加以体认。正如毛泽东指出的,"我们的实践证明:感觉到了的东西,我们不能立刻理解它,只有理解了的东西才更深刻地感觉它。感觉只解决现象问题,理论才解决本质问题。"❶,同时"通过实践而发现真理,又通过实践而证实真理和发展真理。"❷因此,大学生劳动观培养需要遵循劳动理论教育与劳动实践相结合的原则。

第一,大学生劳动观的形成需要马克思主义劳动理论作为指导。大学生思维活跃,自主判断力进一步增强,只有通过劳动理论教育使他们从思想上认同劳动观培养,把马克思

---

❶ 毛泽东.毛泽东选集(第1卷)[M].北京:人民出版社,1991:286.
❷ 毛泽东.毛泽东选集(第1卷)[M].北京:人民出版社,1991:296.

主义劳动理论讲透，让正确的劳动观入脑、入心，才能使他们明白自己肩负的历史使命，从而更好地进行劳动实践。马克思主义劳动理论是科学的理论，深刻地揭示了劳动的本质与属性，批判了异化劳动，并提出了劳动解放人类的美好前景。马克思主义劳动理论教育不仅有助于大学生坚定"四个自信"、形成正确的劳动认知，而且有助于进行劳动实践。习近平总书记关于劳动的重要论述是马克思主义劳动观在新时代的重大发展，是习近平新时代中国特色社会主义思想的重要组成部分，是马克思主义的最新理论成果，反映了时代的新要求和新变化，具有前瞻性和导向性。新时代大学生劳动理论教育要以习近平新时代中国特色社会主义思想为指导深刻领会这一思想与其他思想的关系，从总体上把握劳动与"两个一百年"奋斗目标的关系，劳动与解决社会主要矛盾的关系，劳动与坚守人民立场的关系。

第二，新时代劳动观需要在劳动实践中形成。大学生应当在日常生活劳动中养成劳动习惯，在生产劳动中培养诚实劳动、创新劳动意识，在志愿服务和社会实践中形成奉献精神。大学生在劳动实践中尤其是体力劳动中出力流汗，体认劳动的光荣和伟大，形成对劳动观的正确认知和品行。大学生参加劳动实践也可以丰富劳动观培养的形式，避免了只讲解理论的单一形式，在劳动中验证理论，可以有效地提升对劳动的认知。因此，大学生劳动观培养必须以体力劳动实践为主，注重实践锻炼和道德养成，形成正确的劳动观和幸福观，承担起应有的社会责任和使命担当。另外，劳动观培养的最终目的是形成新时代劳动观并且能够积极劳动，因此，大学生不仅要形成新时代劳动观，也要积极地进行劳动，做到知行合一，很多大学生对劳动有正确的认知，但是却不能付诸行动，劳动观培养也达不到应有的效果。同时，大学生劳动观培养的效果也需要在劳动实践中进行检验。总之，劳动观培养要注重劳动理论与实践教育的有机结合，真正做到通过理论教育领悟劳动的真谛，通过劳动实践体会劳动价值，实现劳动观培养的知行合一，不断提升劳动观培养的效果。

5.2.3 传承与创新相结合

随着时代的发展，社会大背景发生了显著的变化，科技的发展使地球变成了"地球村"，人们的交流日益广泛且多元，大学生的价值观也呈现多元化的特点。劳动的形态也在发生着变化，新的产业和新的劳动形态不断涌现。大学生劳动观的培养无论从研究的背景、对象和劳动本身都发生了新的变化。因此，新时代大学生劳动观培养必须紧扣时代发展的主题，深刻理解新时代劳动的深刻内涵和主要特征，劳动观培养既要继承优良的传统，也要顺应时代发展的要求，坚持在传承中创新，在创新中传承，不断促进培养内容和方法的创新。

第一，大学生劳动观培养内容的传承与创新。劳动观培养内容的传承有两层含义，一是传承中华民族的优良劳动观。在五千年的文明史中，中华民族形成了勤劳、节俭、艰苦奋斗等优良劳动传统，是民族精神的体现，正是这些优良的劳动传统使中华民族生生不息。我们必须继承优良的文化传统，将其纳入劳动观培养的内容体系之中。二是传承马克思主义劳动观，因为马克思主义劳动观是科学的劳动思想，是指导大学生劳动观培养的基础理论,因此,大学生劳动观培养必须传承这一优良的劳动观培养内容。马克思唯物史观认为,劳动创造了人和人类社会、劳动是人类的本质属性,劳动创造了财富,在社会主义和共产主义社会条件下,劳动是实现人的自由全面发展的必然途径。劳动的本质属性决定了即使在知识经济和人工智能快速发展的今天,人们的闲暇时间增加了,部分人工智能代替了人的体力和脑力劳动,但劳动仍然是推动人和社会发展的根本动力,美好生活仍需要劳动来创造。新时代大学生劳动观培养应当以更加生动,更加深刻的方式把马克思主义关于劳动的科学理论讲好、讲透,继承中华民族的优良劳动传统,为劳动观培养奠定良好基础。劳动观培养内容的创新主要指:一是培养大学生理解劳动的新内涵。随着时代的发展,新兴产业的出现,劳动出现了许多新的形态。劳动形态的新变化要求劳动观培养也需要做出相应的改变。新时代大学生劳动观培养不能仅仅把劳动理解为体力劳动、简单劳动、产业劳动,而要充分认识劳动的时代发展性,使学生充分认识服务型劳动和创新型等劳动形式的重要性,引导大学生充分理解劳动的丰富性和发展性,既不把某一种形式的劳动理解为劳动的全部,也不简单的用一种劳动形式否定另一种形式的劳动,真正做到尊重一切有益于人民和社会的劳动,平等看待不同职业。大学生劳动观培养既要重视引导大学生认识劳动的本质和基本规律,也要针对劳动的新形态,注重深入推进产教融合,培养大学生尊重普通劳动者的态度,形成创新性劳动思维,不断提高科学劳动、创造性劳动的能力。二是培养大学生具有生态劳动的意识。随着人类对自然界开发能力的增强,环境污染、资源枯竭逐渐成为阻碍人类生存和发展的挑战,教育大学生具备环保意识,不论在生产领域还是消费领域都应当时刻谨记生态劳动的重要性,做到珍惜劳动人民的劳动成果、坚持垃圾分类、坚持节约的美德。

第二,大学生劳动观培养方法的传承与创新。事实证明,传统的劳动观培养方法是被证明了的行之有效的方法,应当继续坚持劳动思想理论教育、劳动实践锻炼、劳动榜样示范等办法巩固劳动观培养成果。当代大学生劳动观培养的对象是伴随着网络成长起来的一代人。针对这种情况,我们在强调传统劳动观培养方法的基础上,也要开创劳动观培养的新方式、新方法。随着信息技术在教育领域的广泛使用,网络教育的方式方法也不断创新。我们要利用现代化的网络技术,利用慕课、在线课堂、微课等大学生习以为常的形式讲好劳动观课程,增强劳动观培养的互动性、即时性,选用具有时代感的劳模精神和工匠精神等内容教育大学生。通过人工智能推动个性化的教学,利用人工智能的大数据处理功能对学生的学习进行个性化的记录、诊断,发现并跟踪学生的学习情况,做到个性化的教学。我们要利用网络覆盖面广,学生易于接受的特点,通过QQ、微信、微博等载体潜移默化地打造劳动观培养的校园和社会环境。在推动网络教育的新方法的同时,我们要采用平等互动的方式进行劳动观培养。新时代大学生思维独立,个性鲜明,劳动观培养要采取平等视角、平和态度、平等互动的方法,增强劳动观培养的吸引力和实效性。

5.2.4 普遍性和特殊性相结合

唯物辩证法认为,矛盾是推动事物发展的动力,事物的发展过程始终伴随着矛盾,矛盾具有普遍性和特殊性。矛盾的普遍性是指一切事物的发展过程中始终伴随着矛盾的运动，即共性问题。矛盾的特殊性是指具体事物的矛盾和同一矛盾的不同方面具有各自的显著特点，即个性问题。大学生劳动观培养同样面临着普遍性和特殊性的问题，即大学生劳动观培养要坚持普遍性与特殊性相结合的原则。

第一，从宏观的角度看，高校劳动观培养既要贯彻中央的整体部署，又要坚持灵活多样的培养方式，确保劳动观培养的实效性。为确保大学生劳动观培养的科学性、系统性，必须坚持马克思主义劳动观培养的指导思想。高校劳动观培养需要遵循教育的规律和目的，统一深入学习和贯彻习近平总书记在全国教育大会上的讲话精神，落实中共中央、国务院《关于全面加强新时代大中小学劳动教育的意见》的文件精神，高度重视大学生劳动观培养工作，科学把握劳动观培养的重点内容、运行机制等特点和规律，从师资配备、环境优化、评价机制、保障体系等方面着力构建系统的劳动观培养体系。贯彻中央的总体部署还要做好劳动观培养与创新创业教育、思想政治教育、志愿服务、专业教育等有效融合，系统推进高校劳动观培养的协同育人机制的建立，真正做到深入劳动教育的各个环节，推进与社会、家庭等主体协同参与，形成教育的合力，提升培养的效能，强调高校劳动观培养的整体性原则可以有效地避免大学生劳动观培养的泛化和弱化。高校坚持劳动观培养的整体性部署的同时，需要因地制宜开展劳动观培养。根据学校和地区的实际情况，结合行业和区域等特点开展多种形式的教育，避免"一刀切"。劳动观培养应当讲求"因材施教"，增强教育的适宜性和亲和力。由于我国幅员辽阔，地区之间存在发展不平衡不充分的情况，教育客观条件必然存在差异，因此，根据不同区域学生的实际情况，推进适合本地条件的、多渠道、多方式的劳动观培养教育。根据不同学校的类型开展有针对性的劳动观教育，比如针对职业型院校，劳动观培养的内容主要以诚信敬业的职业精神教育为主；对于普通高校应注重培养学生重视新知识、新技术、新工艺方法的应用，培养学生创造性解决问题的能力；对于研究型大学应注重培养学生的创新性思维的形成与锻炼。大学生劳动观培养既要整体把握育人导向，又要推进因材施教，坚持教育的整体性和灵活性的有机结合。

第二，从微观的角度看，大学生劳动观培养要针对学生普遍存在的问题开展教育，又要针对个性问题开展教育。劳动观培养包括劳动的认知、劳动的情感、劳动的精神、劳动的信念几个方面的内容。因此，根据劳动观培养的层次性，劳动观培养应当遵循分年级、分阶段的培养原则。以本科学校为例，针对不同的年级，培养内容也应当有所侧重，对大一、大二学生强调马克思主义唯物史观的理论教育，注重培养马克思主义的劳动认知。大三学生应当通过劳动实践课程，如"劳动周""劳动月"、参观劳模工作室等活动激发他们对劳动人民的感情并珍惜劳动成果。大四学生应通过实习实训、创业就业、就业指导等形式培养学生的劳动精神和劳动信念，为学生走向社会，成为社会主义建设者和接班人奠定基础。当然分年级教育不是绝对的，因为劳动观培养内容不仅层层递进，而且彼此相连，不可分割，不能简单地进行划分，所以针对不同年级的学生开展劳动观培养有所侧重的前提下，也要注重劳动观培养的普遍性和整体性。另外，从全体学生和个别学生的劳动观培养的角度。一代人有一代人的特点，但是同一代人的每一个个体成长的家庭环境、自身特点都不尽相同，因此，对大学生劳动观的培养要把握新时代大学生整体特征采取教育的同时，还需要针对不同学生进行个别指导，坚持全员育人和个别指导相结合的方法。

5.3 新时代大学生劳动观培养的内容

"思想政治教育内容是根据一定的社会要求，针对教育对象的思想实际，经教育者选择设计后有目的、有计划地传导给教育对象的带有价值引导性的思想政治信息。"[1]新时代大学生劳动观培养是思想政治教育内容的一部分，劳动观培养内容是劳动观培养系统的基本要素，是劳动教育者向大学生实施教育的具体要素。新时代大学生劳动观培养的内容确立应以社会主义核心价值体系及其内核即社会主义核心价值观为基础，落实教育方针，体现新时代高校立德树人的根本任务属性，促进人的全面发展，既要满足大学生个人发展的需求，也要满足经济社会发展的需要；既要考虑大学生的身心发展规律，又要考虑时代发展的需求。因此，新时代大学生劳动观培养内容应包括相互联系、相互作用六个方面的基本内容，他们之间是按特定层次构成的。其中，马克思主义劳动基本理论教育可以使大学生具备科学的劳动观理论基础；中华优秀传统文化中的劳动思想教育可以使大学生汲取和继承中华民族的传统劳动美德；劳模精神教育可以激发大学生的社会主义主人翁的责任感与使命感；创新创业教育可以使大学生树立为实现中华民族的伟大复兴而不断创造的价值观；劳动法律法规教育可以使大学生形成诚实、守法的劳动意识；生态劳动理念教育可以使大学生形成生态文明、人与自然和谐共处的劳动理念。

5.3.1 马克思主义劳动基本理论教育

马克思主义是被实践证明了的科学的理论，是由马克思、恩格斯创立并不断发展的思想体系。马克思主义劳动理论教育是大学生劳动观培养的主要内容，主要包括劳动的历史作用、目的和意义、分工等方面的内容。马克思主义劳动基本理论教育的内容主要包括以下两个方面。

第一，唯物史观教育促进大学生认识劳动的历史作用。劳动在马克思主义理论体系中具有本体论的意义。马克思主义唯物史观认为劳动使人脱离自然界，区别于其他动物，成为自然人。劳动不仅解放了人的双手，而且促进了人的语言的生成，劳动是人区别于动物最本质的特征。从这个角度上说，劳动创造了人，从人的生命产生的角度，马克思阐述了劳动的重

---

[1] 陈万柏,张耀灿.思想政治教育学原理(第三版)[M].北京：高等教育出版社,2015:173.

要作用。劳动不仅创造了自然的人,而且推动了自然人向社会人的转化,在人的劳动过程中,不仅生产着物质资料,同时也生产出人与人之间的关系。恩格斯指出,劳动在人从古猿进化过程中起着重要的作用,劳动不是单个人的活动,要解决人的吃、穿、住、用等问题,人们需要通过劳动改造自然,并且交换人们的劳动成果,在这个过程中结成一定的生产关系,从而生成了人类社会。劳动不仅创造了人类社会,而且是推动人类社会的进步的动力。马克思主义劳动理论认为人类社会是以劳动为基础的,也是以人类劳动为动力推动社会向前发展的。劳动的内在矛盾推动着人类社会的发展,其中生产力和生产关系这一对基本矛盾贯彻整个人类社会发展的始终。生产力决定生产关系,生产关系反作用于生产力的发展,当生产关系不适应生产力发展的要求时,需要变革生产关系以适应生产力的发展,从而推动社会不断向前发展。在《资本论》中,马克思明确提出了奴隶劳动、徭役劳动、雇佣劳动三种不同的劳动形式,指出奴隶劳动决定奴隶制社会产生,徭役劳动决定封建社会的产生,雇佣劳动决定资本主义制度产生,这三种劳动都是剥削阶级劳动。可见,共产主义社会的劳动是更高一级的劳动形式,是消灭剥削,实现自由自觉的劳动形式。劳动具有重要的历史作用,只用通过透彻和科学的马克思主义劳动理论教育,将劳动的历史地位讲透,大学生才不会轻视劳动,从而明确奋斗的目标和方向。因此,我们要从唯物史观的角度教育大学生认识劳动的历史作用,用"四个最"的劳动价值观武装大学生的头脑。新时代背景下,习近平总书记提出的"劳动最光荣、劳动最崇高、劳动最伟大、劳动最美丽"是马克思主义劳动思想的最新发展成果,是习近平总书记对新时代劳动价值观的准确定位。通过"四个最"的劳动价值观教育,可以有效引导大学生认识到人民创造历史,劳动是推动人类社会发展的根本动力;使学生明白教育与生产劳动结合是培养人全面发展的唯一方法,体验劳动给人带来的幸福和充实;深刻理解按劳分配的社会主义分配原则,摒弃"不劳而获""一夜暴富"等思想;改变对体力劳动者的轻视态度,做到尊重一切劳动和劳动者。

第二,劳动价值理论及异化劳动理论教育促使大学生深刻理解劳动的目的和意义。开展马克思主义劳动理论教育有利于大学生正确认识劳动的目的和意义。劳动是财富的源泉是经济学界的理论共识。威廉·配第指出:"土地是财富之母,劳动是财富之父"❶,并最终将劳动作为价值衡量的尺度,亚当·斯密指出:"劳动是衡量一切商品交换价值的真实尺度。"❷马克思在继承前人理论的基础上,创造性地提出了劳动二重性理论,发现了剩余价值学说。马克思主义劳动价值理论深刻地揭示了劳动是财富和价值的源泉。劳动目的不仅是为了获得生存的物质财富,更重要的是可以获得人生幸福,"幸福只会给予不怕劳动的人,多年忘我劳动的人。"❸在新时代的今天,每个大学生都应有自己的梦想,"幸福不会从天而降,梦想不会自动生成","幸福都是奋斗出来的",只有通过辛勤劳动获得的幸

---

❶ 威廉·配第.配第经济著作选集[M].北京:商务印书馆,1981:66.
❷ 亚当·斯密.国民财富的性质和原因的研究(上)[M].郭大力,王亚南,译.北京:商务印书馆,1974:26.
❸ 苏霍姆林斯基.家长教育学[M].杜志英,吴福生,等译.北京:中国妇女出版社,1982:9.

福才是持久的，是精神上的愉悦，因为自由自觉地劳动不仅是人的需要，而且能够促进人的自由和全面发展，实现人的自我完善和发展。但在剥削社会制度下，尤其是资本主义社会，劳动呈现异化的形态，无产阶级劳动成果被剥夺，劳动被迫成为了谋生的手段。作为自由而有意识的活动——劳动应该是一种自愿的、快乐的实践活动，而事实上，无产阶级劳动者是被迫的承受着巨大的精神和身体上的摧残，阻碍着人的自由而全面的发展，劳动关系表现为雇佣与被雇佣的关系，雇主无偿地占有工人的剩余价值，而工人却仅得到基本的、维持自身生存的工资，劳动关系的异化必然造成人与人关系的异化，无形中加剧了阶级的对立情绪。劳动人民想要获得解放和自由，只有通过劳动的解放才能实现。因此，大学生通过学习马克思主义劳动价值理论和异化劳动理论将有助于他们更好地理解劳动不仅是每个人的天职，而且劳动与人类的解放具有与内在逻辑一致性。总之，教育大学生认识到劳动是财富的源泉，劳动是幸福的源泉，劳动促进人的全面发展，最终将促进人类社会的解放等理论内容，可以有效提高大学生劳动观培养的实效。

5.3.2 中华优秀传统文化中的劳动思想教育

新时代大学生劳动观培养应摒弃糟粕的传统劳动思想，去粗取精、去伪存真，将中华优秀传统文化劳动思想教育作为大学生劳动观培养的重要内容之一，在新时代不断继承和发扬中华优秀传统文化中的劳动思想。中华优秀传统文化中的劳动思想教育主要包括以下四个方面内容。

一是辛勤劳动的传统美德教育。勤劳是中华民族几千年的传统美德，辛勤劳动历来是被赞美的对象，是中国传统文化的重要内容。史前有众多神话故事讴歌劳动，如"夸父逐日""女娲补天""燧人钻木取火"等无不勉励人们要辛勤劳动。古代典籍中对辛勤劳动多有阐述，《左传》将"俭"列为道德的要求，认为奢侈是万恶之首。荀子在《天伦》中指出，"强本而节用，则天不能贫"。正是基于这样的劳动思想，中国古代劳动人民创造了灿烂的物质和精神文化，在文学、自然科学、手工业、农业等诸多领域取得了无与伦比的成就。万里长城、京杭大运河、都江堰等都是劳动人民辛勤劳动和智慧的结晶。

二是自强不息的奋斗精神教育。中国古代的农耕文化盛行，劳动人民将耕种与求学结合起来，形成了独特的耕读文化。耕读是一种半耕半读的学习方式，颜之推在《颜氏家训》中指出，如果不通过农业劳动来体验人生，则既做不好官，也当不好家。曾国藩指出："以耕读之家为本，乃是长久之计。"古代读书人通过刻苦学习，将个人价值与国家命运联系起来，实际就是"自强不息"奋斗精神的具体体现。古代知识分子通过耕读实现"修身齐家治国平天下"的理想，是脑力劳动与体力劳动的有机结合，也是安身立命、修身养性的重要渠道，更是自强不息的奋斗精神的具体体现。

三是造福于民的奉献精神教育。传统文化强调将个人价值与国家命运相结合，将修业与道德情操紧密结合起来，最终的目的便是为天下百姓造福，为国家社稷谋太平。正是因为秉持这样的奉献精神，中华民族的有识之士积极入世，忠信守义、精忠报国，为民造福，他们将集体利益作为自己的利益出发点，时刻强调集体利益，表现为大公无私、公而忘私的奉献精神，尤其是在民族危难时刻或是重大灾害面前，这种奉献精神更加值得弘扬。

四是精益求精的工匠文化。今天的"工匠精神"源于工匠文化，工匠在中国古代被称为百工，是指具有某种技艺的手艺人，例如我们熟知的鲁班、李冰等都属于工匠。中国古代文化重视对劳动技能的提升，形成了独特的工匠文化，将劳动上升到艺术层面，《庄子·养生》中记载的"庖丁解牛"的故事、宋代欧阳修文章中卖油翁的故事都反映了劳动者精益求精的劳动精神，也正是这种工匠文化，才创造出辉煌的古代工艺品，促进了中华文明的进步和发展。

5.3.3 劳模精神教育

回顾历史，劳动模范评选与表彰制度发端于陕甘宁边区劳动英雄与模范工作者的评选运动中，中华人民共和国成立后，这一制度得以正式确立，"1950年至今先后召开16次表彰大会，表彰全国劳动模范和先进工作者超30000人次"❶。劳动模范是时代的楷模，在党的不同发展时期，均涌现出了大批劳动模范，他们与祖国同成长、与时代共奋进。

中华人民共和国成立之初，中国劳动人民发扬"不畏困难、艰苦奋斗、自力更生、无私奉献"的精神，取得了自主研制"两弹一星"，自主开发大庆油田等一大批成果，涌现出了李四光、钱学森、王进喜、时传祥、倪志福等一大批劳动模范。"建国初期劳模队伍的迅速壮大及其具有的示范引领作用，为中华人民共和国国民经济的恢复、社会主义建设在各条战线的起步与发展做出了重大贡献，为树立社会主义劳动观念、推广劳模经验、提高生产工作效率、提升组织管理协作水平发挥了重大作用。"❷改革开放和社会主义现代化建设新时期，"知识型、创新型、技能型、管理型"❸成为劳模的特征，涌现出巨晓林、许振超、孔祥瑞等一大批与时俱进的劳动模范。这一时期的劳模精神为全面建设小康社会，全面推动社会主义经济、政治、文化、社会、生态文明建设作出了巨大贡献。进入新时代，劳模精神更是发挥了巨大的作用。大力加强劳模精神教育，将其纳入大学生劳动观培养的内容中去，有利于引导新时代大学生树立正确的劳动观，成为德、智、体、美、劳全面发展的社会主义建设者和接班人。新时代背景下劳模精神教育主要应包括以下四个方面的内容。

一是劳模的敬业精神教育。敬业是劳模的基本品质，敬业同时也是社会主义核心价值观对个人品质的要求。劳模的"爱岗敬业、争创一流"体现了劳模对国家、社会和职业的高度责任感与使命感，只有始终对职业充满热爱，才能全心全意投入工作中，敬业精神使得劳模们在岗位上默默奉献、勇于拼搏、不断创新，在平凡的岗位上做出不平凡的事迹。在大学生中

---

❶ 魏玉坤，樊曦.探秘：如何评选出劳模？怎样能成为劳模？[DB/OL].
❷ 王永玺，张晓明.简述中国劳模的历史发展[J].北京市工会干部学院学报，2010(3)：8.
❸ 王永玺，张晓明.简述中国劳模的历史发展[J].北京市工会干部学院学报，2010(3)：8.

弘扬劳模的敬业精神，宣传劳模们自觉的敬业态度和敬业事迹，能够使大学生正确理解付出与回报的辩证关系，促使大学生像劳模一样发自内心的对工作和劳动产生热爱之情，并将敬业精神真正内化于心、外化于行，确立正确的劳动价值观，践行社会主义核心价值观。大学生的主要任务是学习，良好的学习习惯是培养敬业精神的基础。大学生成长成才需要立足现实的学习实践平台，面向未来工作，在学习生活中辛勤劳动。对于新时代大学生来说，面对日新月异的科技发展，还需要教育他们转变就业理念，尽快适应科技发展的脚步，全面提升自身的素质，不能仅看到眼前的就业条件，而是要着眼于科技发展的要求，接受更高水平的职业教育，不断更新劳动技能，避免结构性失业。

二是劳模的奉献精神教育。"淡泊名利、甘于奉献"体现了劳模的思想境界，也是劳模精神的主旋律，从我国革命战争时期一直到进入新时代，不同时期的劳动模范都具备无私奉献的精神和品质，彰显着爱国主义的情怀。革命时期，无数仁人志士为了国家的兴亡，人民的幸福，甘愿抛头颅、洒热血，真正做到了顾全大局、严守纪律、紧密团结，正是这样的奉献精神，才使得中华民族重新屹立于世界民族之林。凭借着不畏艰险、顾全大局的奉献精神，中华民族在面对各种重大风险挑战时，能团结一致、战胜困难。不论是抗洪抢险还是抗击非典，广大党员和干部都在关键时刻顶上，将责任扛在肩上，真正发扬了无私奉献的精神。奉献是对工作的不求回报的全身心付出，劳模之所以会无私奉献，是因为他们深刻意识到中华人民共和国是人民当家作主的国家，意识到自己的主人翁地位，意识到工人阶级和广大劳动人民的历史使命。劳模们为祖国、为人民、为他人的幸福而忘我工作时，同时也收获着自己的幸福。教育大学生学习劳模的无私奉献精神，有助于大学生理解无私奉献的精神内核，有助于正确处理个人与国家和集体之间的利益关系，有助于处理理想与现实的关系，帮助大学生志存高远，为全面建设社会主义现代化强国而接续奋斗。无私奉献精神的教育可以端正大学生的就业观与择业观，部分当代大学生不能正确认识劳动的意义和价值，往往将工作的地点、薪酬、类型等外在价值看得过重，而对于祖国和人民需要的一些岗位和地区则缺乏兴趣，这些也无形中造成了当代大学生就业难的现象。因此，劳模的无私奉献精神教育还能促进大学生形成正确的择业观与就业观。

三是劳模的创新精神教育。创新是时代赋予劳模精神的新内涵，新时代的劳模不仅应当具备敬业与奉献的精神，而且应当具备创新精神，成为知识型、技能型、创新型人才的典范。创新是引领发展的不竭动力，抓住创新就是抓住未来。新时代是社会发展日新月异的时代，如果因循守旧必然落后于时代，新时代的劳模在各条战线上不断创新，采用创新的工作方法、技术和制度取得了不平凡的业绩。创新是新时代劳模精神的核心，新时代劳模的突出贡献也得益于勇于创新的精神。劳模所展现的奋发图强、敢为人先的创新精神可以成为广大大学生学习的榜样，大学生学习劳模的创新精神，不仅可以激发他们创新创业的兴趣，而且可以帮助他们理性面对创新创业中遇到的困难与挫折，激发斗志，促进就业。

四是劳模的奋斗精神教育。艰苦奋斗是中华民族的传统美德，劳模们继承并发扬了艰苦奋斗的美德，靠着艰苦奋斗的精神，中华人民共和国的劳模们取得了一个又一个的成绩。正是凭借着艰苦奋斗的精神，通过几十年的奋斗，我国实现了"站起来、富起来、强起来"的惊人转变。劳模凭借着奋斗的精神才取得了非凡的成就，创造出了精彩的人生。也唯有继续发扬劳模的奋斗精神才能实现祖国的繁荣昌盛，实现个人的幸福生活。教育大学生具备艰苦奋斗的劳动精神是培养时代新人的需要，也是劳模精神教育的关键所在。

5.3.4　创新创业教育

创造性是劳动的本质特征。进入 21 世纪以来，科学技术和产业不断发生着巨大的变革，新时代的科技发展朝大数据、人工智能、生物工程等方向发展，创新带来的竞争性优势越来越大。实行改革开放以来，我国取得了非凡的成就，经济总量跃居世界第二，成为世界第二大经济体，但是我们必须认识到，随着人口红利的消失、自然资源和环境的约束、改革红利等因素的消失和减退，我国必须转变经济增长方式，实现从要素驱动到创新驱动的发展之路。新时代是创新引领的时代，培养大学生创新劳动精神有助于大学生成长为创新型高素质人才，也有助于我国建设创新型国家，而培养大学生创新劳动精神需要加强创新创业教育。

2014 年 9 月，李克强总理在夏季达沃斯论坛上提出"大众创业、万众创新"的理念，随后在冬季达沃斯论坛上又将"大众创业、万众创新"视为新常态下中国经济腾飞的动力之源。❶大学生是实施创新驱动战略及推动大众创业、万众创新的后备力量和主力军，大学生创新创业的能力将决定全民族创新创业的水平。当前，根据国家要求，各高校普遍开设了创新创业课程，举办了形式多样的创新创业竞赛，极大地激发了大学生的创新创业热情。但在实践中，仍有一些高校存在创新创业教育流于形式，造成大学生创新劳动精神缺乏，创新劳动能力不强的情况。因此，新时代大学生劳动观培养应把创新创业教育作为重要的教育内容。创新创业教育主要包括以下四个方面的内容。

一是教育大学生明确创新创业教育的内涵与意义。当前，部分大学生甚至包括一部分教师对创新创业教育的理解存在偏差。部分大学生片面地认为创新创业教育只是教授学生创办公司，或者是为了开展第二课堂及社会实践的需要，更有甚者认为创新创业教育只是学校和社会为了解决、缓解就业压力而开展的教育活动。另外，受传统观念的影响，很多大学生仍然将大学视为封闭的象牙塔，在学校期间抱着"两耳不闻窗外事，一心只读圣贤书"的心态读书，期盼毕业后找到一份稳定、高薪、轻松的工作。所有这些误解都源于大学生没有真正理解创新创业教育的内涵与意义，导致部分大学生创新创业意识淡薄，创新创业知识储备不够，创新创业能力与准备不够，遇事容易妥协，缺乏奋斗与持之以恒的精神。"创新创业教育是中国人的理论创造。"❷创新创业教育最初是两个独立的概念，是为了适应经济社会发展

---

❶ 石丽,李吉桢.高校创新创业教育：内涵、困境与路径优化[J].黑龙江高教研究,2021(2)：100.
❷ 石国亮.时代推展出来的大学生创新创业教育[J].思想教育研究,2010(10)：65.

和国家战略发展的需要而提出的概念。教育大学生理解创新创业教育的内涵，就是引导大学生理解创新创业教育不是"创业教育"与"创新教育"的简单叠加，其核心价值取向是培养大学生的创新精神、创新意识与创新能力，旨在培养高素质创新型人才。创新创业教育在大学生成才以及走向社会的过程中起着至关重要的作用，在高等教育已经实现"普及化"的今天，大学生就业难的表象原因是供给过剩，深层次原因是大学生不具备满足用人单位和社会发展所需要的能力。而创新创业教育是坚持以问题为导向，以社会需求为导向，培养大学生的创新意识、创新思维及创新能力，有助于培养大学生的综合素质，适应就业市场的需求，提高大学生创业就业的能力。

二是教育大学生理解劳动与创新创业之间的关系。创新创业与劳动之间存在着密切的关系，无论创新还是创业，要想取得成功都需要艰苦的奋斗，离不开辛勤的劳动。但仅凭激情、靠蛮干也不能取得良好的效果，只有建立在实干基础上的巧干才能事半功倍，这就需要运用创新思维实现巧干。因此，创新创业的实现是以辛勤劳动、诚实劳动为基础，以创新劳动思维的确立为前提的。部分大学生不能认识到创新创业的艰巨性，不能承受失败的风险与压力，便不能实现真正的创新创业。因此，教育大学生理解劳动与创新创业之间的关系，有助于培养大学生的社会责任感，树立正确的劳动观，提升创新意识和创业能力，促进大学生积极主动就业，依靠辛勤劳动、诚实劳动、创造性劳动创造财富，更好的实现自身价值与精神追求。

三是教育大学生了解创新创业相关政策。大学生只有全面了解党和政府关于创新创业的相关政策，才能更好地进行创新创业活动，这还有利于增强对创新劳动的认识，同时推动大学生形成创新的劳动观。通过对2010年教育部颁布的《关于大力推进高等学校创新创业教育和大学生自主创业工作的意见》的学习，了解创新创业对学生与社会的重要价值与意义。通过对2012年教育部颁发的《教育部关于做好"本科教学工程"国家级大学生创新创业训练计划实施工作的通知》以及2015年国务院办公厅印发的《关于深化高等学校创新创业教育改革的实施意见》等文件了解大学生从事创新创业所能获得的便利条件，包括允许大学生调整学习进度，保留学籍进行创新创业等。对这些政策的深入了解，可以免除大学生创新创业的后顾之忧，推动大学生创新创业的真正实现。

四是教育大学生形成创新创业意识。教育大学生形成创新创业意识有助于大学生在求职、创新、创业及工作中不断解决新问题、想出新办法，增强学习与工作的实效性。创新创业意识是人们致力于发现新问题、探索新事物，寻求解决问题的新方法的积极心理倾向，是创造性劳动的内在动力。创新创业意识的形成需要教育大学生将所学知识内化，通过为学生提供更多的实践机会，增加学生的创新创业经验，并且在实践的过程中引导学生积极地构建、理解新知识，促进知识与经验的有机融合，提升大学生创新创业的能力。在知识内化和经验生成的基础上，创新创业教育才能激发大学生创新创业的兴趣，积极主动地发现新问题，抓住新机遇，增强大学生创新创业的动机，形成为实现中华民族伟大复兴而不断创造的价值观,进而不断开发创新创业的潜能,培养用于创新的劳动精神。

5.3.5 劳动法律法规教育

我国是人民当家作主的社会主义国家,每个公民都依法享有劳动的权利,也必须尽到应尽的义务。只有每个劳动者都形成诚实、守法的法治意识,才能促进社会的和谐稳定,保证劳动成果的公平分配,有利于法治国家的建设。大学生即将走向工作岗位,大学生的劳动法律意识的增强,有利于他们在求职、就业、工作中积极维护自身的合法权益并且自觉履行应尽的义务。但现实中,许多大学生劳动法律意识不强,劳动法律知识相对匮乏,维权意识较为淡薄,对法律赋予劳动者的权利与义务不甚了解,这在一定程度上反映了大学生劳动法律法规教育的缺失,不利于大学生形成诚实、守法的劳动信念。加强劳动法律法规教育,提高大学生劳动法律意识是新时代大学生劳动观培养的应有之义。

当前,大学阶段虽然有一些法律知识的教学,比如《思想道德与法治》中涉及一些关于法律的知识,但是由于课时限制,关于劳动法律法规的具体教学内容涉及较少,课程只是介绍了劳动法的一些基本原则,学生很难系统了解劳动法律法规的具体内容。因此,大学生在求职、就业过程中缺乏相应的法律意识,导致产生劳动争议与纠纷的情况时常发生。对大学生进行劳动法律法规的教育,应当以《中华人民共和国劳动法》《劳动合同法》《劳动争议调节仲裁法》《劳动合同法实施条例》等为主要内容,重点是让学生了解《劳动合同法》的基本内容,因为对大学生来说,《劳动合同法》具有较强的针对性与实用性。劳动法律法规教育主要包括以下三个方面的内容。

一是劳动者权利与义务的教育。《中华人民共和国劳动法》规定,劳动者享有多项劳动权利与义务。劳动者的权利包括平等就业与选择职业的权利;取得劳动报酬的权利;休息休假的权利;获得劳动安全及卫生保护的权利;享受社会保险的权利。另外,女职工还享有特殊的权利,包括用人单位不得以结婚、怀孕、产假、哺乳等为由辞退女职工,不得在此期间降低女职工的基本工资,禁止安排女职工从事矿山井下等女职工禁忌从事的劳动。当然有权利就有义务,在社会主义制度下,劳动者的权利与义务是相互依存的关系。劳动者的义务包括劳动者在劳动的过程中遵守劳动纪律,遵守一定的规则和秩序,听从管理者的指挥与调度;遵守职业道德,职业道德是劳动者从事职业活动过程中应当遵循的行为准则,是以服务人民为核心的社会主义道德在职业活动中的体现;遵守并执行劳动安全卫生规程。

二是关于签订劳动合同的法律法规的教育。签订劳动合同是大学生求职就业过程中不可缺少的一个环节,大学生熟知签订劳动合同的法律法规非常必要。要教育大学生明确劳动合同法的适用范围,大学生需要了解劳动合同法对用人单位的规定,了解用人单位的规章制度的要求是否符合劳动法的要求,如果不适用劳动合同法的要求可以用法律保护自己的权益。要教育大学生明确劳动合同订立的基本问题,包括劳动关系的确认、劳动关系双方的知情权、劳动合同订立的形式、劳动合同订立的期限类型及约定的内容、试用期、劳动合同的撤销等方面的内容。要教育大学生了解劳动合同的履行与变更。这一部分的教育内容需要向学生重点介绍法律规定的劳动关系双方应全面合法履行劳动合同，加班工资支付、同工同酬以及合同变更等相关内容，以确保学生的合法权益受到保护。此外，还要教育大学生了解劳动合同的解除和终止，这一部分内容重点强调关于劳动合同解除与终止的经济补偿问题，大学生应依据已订立的劳动合同向用人单位主张经济补偿，如果因为个人原因中途解除和终止劳动合同给用人单位造成损失的情况，也应依据劳动合同的规定主动赔偿用人单位的损失。

三是对劳动争议处理的教育。劳动争议属于劳动权益保护的司法救济程序。这一部分内容要向学生讲明劳动争议应坚持按照法律法规的要求处理。一方面，大学生要深入了解劳动争议相关法律规定，做到遵守法律规定。另一方面，面对大学生合法权益受到侵害的情况，应教育大学生学会收集劳动关系存在的证明，注意劳动争议仲裁的时效性，避免因为劳动争议超过仲裁时效而失去法律保护，同时介绍劳动争议仲裁权利和举证质证的技巧。总之，开展大学生劳动法律法规教育，不仅是依法维护大学生合法权益的需要，也是使大学生做到自觉遵守法律法规，形成诚实、守法的劳动意识的需要。

5.3.6 生态劳动理念教育

"所谓生态劳动，简单地说，就是能够实现利用自然与保护自然本质统一的活动。"[1]生态劳动理念蕴含了人与自然和谐共存的劳动理念。劳动促成了人与自然界之间的物质转换，分析马克思、恩格斯关于劳动的论述，我们发现劳动范畴具有生态性。马克思、恩格斯揭示了在资本主义条件下劳动与自然相互对立，劳动成为反自然的活动。为了获得利润，资本家无节制地向自然索取资源，推崇消费至上的理念，造成不必要的资源浪费，导致资源枯竭、生态破坏、环境污染，而这一切的根源在于资本主义私有制。社会主义公有制摒除了资本主义私有制的资本逻辑，对恢复劳动的生态性具有决定性的意义。但在建设社会主义生态文明的过程中，需要加强人们的生态劳动理念教育，使生态劳动理念深入人心，逐步实现人与自然的和谐共生。

随着科技的加速发展，人类对自然资源的开发趋于过度，环境遭到破坏，人类所面临的环境问题日益危及人类自身的生存。生态文明成为了人们关注的焦点，生态文明建设关系着人民的福祉与民族的未来，只有实现了生态文明才能实现人民的幸福生活。生态文明建设离不开生态劳动，而生态劳动实现的条件之一就是生态劳动者必须具备生态劳动理念。新时代的大学生将成为未来的高素质劳动者，为了增强大学生的生态劳动理念，应将生态劳动理念教育纳入大学生劳动观培养内容之中。生态劳动理念教育主要包括以下两个方面的内容。

一是生态化生产方式理念的教育。生态化生产方式即循环式地利用自然资源进行生产，最大化实现废弃物的再利用。人与自然界之间的物质交换过程需要劳动，"生态劳动的本质

---

[1] 徐海红.生态劳动视域中的生态文明[D].南京：南京师范大学，2011：74.

是物质变换以生态劳动的方式来规范人的生产，就是以物质变换的伦理原则来规范人的生产，形成生态化生产方式。"❶将物质变换设定为社会生产方式的伦理原则，即是将人与自然的关系定义为一种整体的、友好的、可永续发展的关系。传统工业化大生产的方式可以表述为，通过大量的物质与能量资源的投入，生产出大量的产品，同时产生大量的废弃物。这样的生产方式是粗放式的、线性的生产方式，这种生产方式造成了大量的资源浪费和污染物。传统工业化生产所带来的严重环境污染与资源枯竭的问题严重威胁着人类的生存与发展，消除这些影响必须改变传统工业化生产方式，减少废弃物排放，发展高效节能的生产方式。教育大学生具备生态化生产方式理念，就是要教育大学生将人与自然视为一个整体，革新传统工业化的生产理念，用物质变换的理念规范生产，实现自然资源在生产中的循环与再利用，扬弃大量生产、大量消费与大量废弃式的生产—消费模式，使自然资源得到最大的利用，将生产所产生的废弃物变废为宝。生态化生产方式是对传统生产方式的改造，有助于减少环境污染与资源的过度消耗，将产生的废弃物循环利用，达到降低自然资源消耗、减少废弃物的排放、降低污染的目的。大学生只有建立起生态化生产方式的理念，才能在实际的生产劳动中不断革新生产技术、管理方式，大力发展生态经济，实现经济发展方式从粗放型向集约型转变，促进经济又快又好发展，促进生态文明建设，实现人与自然的和谐共处。

二是绿色生活方式理念的教育。生态劳动不仅与生产劳动、生产方式相关，也与人们的生活方式相关，因为生活方式直接影响着人们的消费方式，而对商品的消费又直接影响着生产的规模与自然资源的消耗。生态劳动的理念反映在生活领域，即需要倡导绿色的生活方式。"绿色生活方式是指以和谐共生为价值理念，以环境保护为行为准则，形成的自然、节约、环保、健康、可持续的日常实践和生活模式。"❷在物质丰富的现代社会，部分人对物质的追求超过了必要的范围，达到了奢侈与无节制浪费的程度，甚至演变为消费主义，将奢侈与浪费视为发展的动力。在这种消费理念的影响下，必然造成对自然资源的无情掠夺与自然环境的毁灭性破坏。改变消费主义，既要改变资本逻辑，也要改变人们对自然的误解，真正理解生活的真谛。应教育大学生形成绿色生活方式的理念，鼓励大学生追求适度的消费，秉持消费自然资源的价值合理性与道德正当性的理念。这种理念既要保证个人生存和发展的吃、穿、住、用等基本合理消费，也要保证人类作为类的生命的种的延续，是对人类存续与发展的道德体现。因此，大学生应当树立"绿水青山就是金山银山"、人与自然和谐共生的生态劳动理念，摒弃人定胜天的观念。大学生在日常生活中应坚持勤俭节约，助力"光盘行动"、坚持"垃圾分类"等行为，减少不必要的消费，反对铺张浪费的消费理念，用实际行动维护生态环境，实现绿色生活方式。

---

❶ 徐海红.生态劳动视域中的生态文明[D].南京：南京师范大学，2011：139.
❷ 程秀.效用错位视角下城市居民绿色生活方式引导政策及仿真研究[D].徐州：中国矿业大学，2020：12.

6 新时代大学生劳动观培养的对策

新时代大学生劳动观培养是一项系统工程，不是通过一门课程和几次集中的教育活动就可以使大学生形成新时代劳动观的。因此，在坚持立德树人，促进大学生全面发展的教育理念基础上，新时代大学生劳动观培养需要构建从理论到实践，从文化环境到制度保障的全方位培养对策。具体来说就是，大学生劳动观培养既要发挥课堂理论教学的主渠道作用，也要注重劳动实践教育的助推作用。同时，全社会需要营造崇尚劳动的文化氛围，高校需要完善劳动观培养的制度保障，为大学生劳动观培养提供支持。

6.1 发挥课堂理论教学的主渠道作用

大学生认知趋于成熟，逻辑思维能力增强，具有独立性与批判性。相比于中小学生，对大学生进行一般的浅显说教，效果不明显，必须从一定的理论高度对大学生进行教育，才能获得满意效果。大学生劳动观培养要以马克思主义劳动理论为指导，结合时代的特点，使大学生明白什么是劳动，为什么要劳动，以何种态度进行劳动。对大学生而言，劳动理论教育十分必要，大学是研究高深学问的地方，只有知其然且知其所以然才能将正确的劳动观念纳入自己的认知体系。劳动理论相对复杂，唯有通过系统的马克思主义劳动理论学习才能真正理解并形成新时代劳动观。建立和完善大学生劳动理论教育课程体系，发挥课堂教学的主渠道作用，是当前劳动理论教育的紧迫任务。

6.1.1 发挥劳动理论课在劳动观培养中的核心作用

中共中央、国务院印发《关于全面加强新时代大中小学劳动教育的意见》，将劳动教育纳入高校人才培养方案，要求高校设置劳动必修课。当前，全国高校积极响应国家关于劳动教育的指导意见，正在紧锣密鼓地开设劳动教育必修课程，但是由于时间短，劳动教育师资匮乏，高校劳动教育方案设计不完善等原因，劳动必修课程开设出现简单化、形式化等问题。劳动教育必修课没有教材的现象十分普遍，根据调查显示，大多数学校没有相应的劳动教育教材，即使个别学校有劳动教育教材，也仅仅是类似于劳动教育计划的简单手册，没有劳动观理论方面的内容。造成这种情况的原因，主要是劳动教育必修课的开设刚刚处于起步阶段，需要时间加以完善。大学生正处在世界观、人生观、价值观形成与稳定的重要时期，劳动观教育对于大学生"三观"的形成具有重要的作用，为了达到培养大学生形成新时代劳动观的目的，高校开设劳动教育必修课程一定要将劳动理论教育列为重要内容之一，发挥劳动理论课在劳动观培养中的核心作用，而不是仅仅将劳动教育必修课简单地理解为体力劳动或者技能培训，避免造成有"劳"无教的局面。

劳动理论课属于普及劳动理论知识的课程，具有系统性、科学性。目前，有一种声音认为劳动理论教育完全可以用其他课程取代，这是轻视劳动理论教育的看法，不懂得劳动理论是一门系统的学问，只有以专门课程的形式开展教育才能获得良好的效果。高校应当重视劳动理论课的开设，这一课程对大学生劳动观培养具有不可替代的作用。对大学生来说，只有以理论课程的形式进行劳动理论的系统讲授，才能避免大学生对劳动认识的零碎化，大学生才能对劳动从感性认识上升到理性认识。劳动理论课应坚持教育引导与深化的原则。劳动理论教育的最终目的是引导大学生形成适应时代发展的劳动观，通过对劳动理论的学习，逐步掌握关于劳动的科学理论知识，把握人类劳动的实践发展规律，树立热爱劳动、崇尚劳动、尊重劳动的意识。劳动理论教育一定要避免浅尝辄止，不能让劳动理论教育停留在熟知的层面上，应当揭示劳动的本质，深层阐释劳动实践的意义，真正使大学生获得关于劳动的真知。劳动理论课的教学内容应当以马克思主义劳动观特别是中国特色社会主义关于劳动的思想为主，以习近平总书记关于劳动思想的重要论述为根本遵循，涵盖大学生对劳动的认知、态度、精神、信念等方面的内容。同时，由于劳动理论知识较多，劳动理论课教学课时有限，需要科学规划劳动理论课教材的编写，将劳动经济学、劳动关系学、劳动法学、劳动保护学等内容包涵在劳动理论教育的内容当中。大学生劳动理论课是一门独立的课程，有别于思想政治理论课关于劳动观教育的分散性，劳动理论课可以系统地进行理论教育，促进大学生掌握基本的劳动理论知识，深化他们对劳动的理解，形成创新劳动的思维，帮助他们实现对劳动从感性认识上升为理性认识，内化为自己的劳动态度体系，并且积极投身到劳动实践中，从而达到劳动观培养知行合一的目的。高校还可以根据地方或学校特色开设关于劳动观教育的选修课，依托一套成熟的课程与教学体系，更好地开展劳动理论教育，也可以更好地结合专业特点使学生更加了解本专业劳动的趋势、劳动权益、劳动规范等，达到新时代大学生劳动观培养的目的。另外，高校劳动理论教育能否取得满意的教学效果，主要取决于师资队伍的建设水平。高校应建立一支专兼结合的劳动观教育教师队伍，从事劳动理论教育工作，尽快建立和推进专职教师队伍建设是开展劳动理论教育的重要前提，因为劳动理论教育主要涉及马克思主义劳动理论方面的教育内容，专职教师的选聘应当以思想政治专业为主，选聘的形式可以是专项招聘与思想政治课教师转岗为主，同时建立起一支兼职的劳动理论教师队伍，可以由班主任、辅导员和行政岗位的教师组成。

6.1.2 发挥思想政治理论课在劳动观培养中的作用

劳动观培养属于思想政治教育的重要组成部分，2019年8月，中共中央、国务院办公厅印发《关于深化新时代学校思想政治理论课改革创新的若干意见》指出，"统筹推进思政课课程内容建设。"将系统开展"劳动教育"列为重要内容之一，劳动观培养属于劳动教育的一部分，大学生劳动观培养的学科归属十分明确，即属于大学生思想政治教育的范畴。开展大学生劳动观培养需要发挥思想政治理论课的重要作用，加大劳动理论教育的力度。

思想政治理论课是教育大学生成长成才的主渠道之一，思想政治理论课也包含劳动理论相关知识，是与大学生劳动观培养紧密相关的课程，将劳动理论课与思想政治理论课二者有机结合，对大学生劳动观培养能够起到相互渗透，双重强化的作用。但是思想政治理论课关于劳动方面的知识分散于几门具体课程当中，无法形成系统的劳动理论教育，大学生劳动观培养效果也大打折扣。因此，劳动理论教育有效地融入到思想政治理论课程教学过程中，是思想政治理论课程建设的难点，应当坚持将马克思主义劳动理论教育贯穿于思想政治理论课程教学的始终。以本科生思想政治理论课程教学为例，思想政治理论主干课程的教学目标、内容都与马克思主义劳动观密切相关，可以结合课程特点有针对性地开展马克思主义劳动理论教育。其中，通过《思想道德与法治》课程的教育，用贴近生活实际的方式，促进大学生对劳动价值的认同，形成热爱劳动的情感和积极的劳动态度，引导新时代大学生弘扬马克思主义劳动精神，增强大学生劳动的法律权利与义务意识，有效帮助大学生形成诚信与生态劳动的信念；通过《马克思主义基本原理》课程的教育，从哲学和经济学的角度，帮助大学生建立起有关劳动的理论知识框架，结合时代，深入理解习近平新时代中国特色社会主义思想关于劳动的理论，确立劳动本质观、劳动价值观、劳动历史观、劳动实践观；通过《中国近现代史纲要》课程的教育，从近代劳苦大众抗争史的视角，帮助大学生树立劳动在人类历史发展进程中的基础性地位和劳动人民是历史的创造者的观点，更好地理解无产阶级政党的性质和作用；通过《毛泽东思想和中国特色社会主义理论体系概论》课程的教育，从中国特色社会主义关于劳动的理论成果角度，帮助大学生系统掌握最新的马克思主义劳动理论成果——习近平关于劳动的重要论述，确立马克思主义劳动观。马克思主义劳动理论教育要建立分年级、分阶段、系统化、理论化的课程教育体系，坚定马克思主义信仰，增强大学生的使命担当，引导大学生矢志不渝跟党走，争做社会主义建设者和接班人。相对于其他知识点，马克思主义劳动理论在思想政治理论课程教学内容的知识点分布较为零散，劳动观没有作为专题明确拿出来进行教学。针对这一问题，在教学过程中，有必要将每门思想政治理论课程关于劳动理论部分单独拿出来作为一个专题进行教学，进行系统整合，把劳动理论教育系统化，形成层层递进的教育模式。在进行专题性教学的同时，组织学生开展研究性学习，选择既符合时代发展特点又能启迪大学生劳动观的论题开展研究性学习，例如，"马克思主义劳动理论的时代适用性""劳动托起中国梦""劳动与大学生的全面发展""劳动与和谐社会建设"等论题，采用分组讨论、辩论、演讲等形式提高大学生劳动理论学习的积极性和主动性。另外，鼓励思政课教师运用互联网平台，围绕新时代劳动观、劳模事迹等热点、重点内容，制作慕课、微课增加劳动理论教育的吸引力。采用课堂教学改革的新方法、新手段开展劳动理论教学，比如，将"混合式教学""对分课堂""翻转课堂"等教学模式应用于劳动理论教育之中。

6.1.3 挖掘专业课程的劳动观培养资源

专业教育以专业知识的传授为主，为大学生将来所从事的职业做准备，是人才培养的主干课程。高校应根据专业的特点开发课程，将劳动理论教育有机融入专业教育课程中，促进大学生劳动观培养。劳动理论教育与专业教育相结合，应围绕培养社会主义建设者和接班人的根本要求，实现劳动理论教育与专业课教育的有机融合，坚持党的领导，为服务经济社会做准备，遵循新时代大学生的身心发展特点，规划好高等教育人才培养方案。

挖掘专业课程的劳动观培养资源，应当确定劳动观培养与专业教育的结合点，拓宽专业教育视角，多角度提升大学的劳动意识，以劳模精神和工匠精神为榜样，提升大学生的专业和劳动素养。高校各类专业教育中均可以挖掘出与劳动观教育相关的丰富内容，例如，在人文社会科学领域，可以将中国传统的劳动美德教育融入其中，大学生通过欣赏和讲解古代劳动人民的伟大创造和艰辛付出，了解历史并明确新时代实现中华民族伟大复兴梦所肩负的责任；通过讲解毛泽东早年对湖南农民进行的调研，费孝通所做的田野研究等事例，使大学生了解社会科学的研究方法，认识到社会科学的学习不仅包含抽象的脑力劳动也包括探索性的综合劳动形式。在自然科学领域，钱学森、邓稼先、袁隆平等一大批劳动模范的劳动精神是最好的融入专业教育的素材，大学生通过对劳动精神的学习，不仅能够掌握本专业的学习方法，还能切实受到劳模的精神感染，有助于大学生形成敬业、奋斗、创新和奉献的劳动精神。挖掘现实中大学生用专业知识服务社会的劳动观培养资源，具有更强的针对性，可以起到更好的教育效果。在艺术教育领域，将劳动创造美的理念渗透到专业教育过程之中，大学生通过对劳动创造美的学习，能够更好地理解艺术的审美标准，从而更好地创作出符合美的标准的作品，而不是将一些怪异的行为和作品当作美，甚至出现审丑的现象。另外，专业教育应当注意结合新科技革命的要求有效融入劳动理论教育。在知识经济时代和人工智能时代，劳动的内涵和外延不断扩展，部分传统的体力劳动被机器人所替代，甚至一部分脑力劳动也已经被人工智能所代替。怎样理解劳动发生的新变化，劳动的基础地位是否变化，都应当向大学生讲解清楚。教育大学生认识到新时代劳动的两个核心要素不会变，一个是脑体劳动的结合不会变，另一个是劳动最终指向必然是真实的世界，不是虚拟的世界。当然，在专业教育中也要运用新的网络技术和虚拟技术，增强对专业和新的劳动形态的认识。总之，劳动理论教育有机融入专业课程要将社会主义核心价值观中的"诚信""敬业"价值观念融入专业教育内容之中，要将习近平关于劳动教育的重要论述融入专业教育之中，要将中国特色社会主义的劳动价值观融入教育教学全过程，培养大学生的职业态度并形成职业目标，引导学生树立新时代劳动观。

6.1.4　增强就业及创业课程的劳动观培养功能

新时代大学生劳动观培养除了在思想政治教育课程和专业课程中融入劳动观理论教育外，在与大学生劳动紧密相连的就业和创业课程中，有效地渗透劳动观理论教育具有十分重要的意义。

职业生涯规划及就业指导课程有效渗透劳动理论教育对培养大学生形成新时代劳动观具有重要的意义。近年来，高校毕业生人数逐年增加，就业形势严峻，帮助大学生顺利就业成为了高校和社会的重要任务之一。大学生就业难主要是受两方面的影响，一方面受就业市场用人萎缩的影响，另一方面受大学生不愿意就业、慢就业等消极就业观念的影响。职业生涯规划与就业指导课程是为保障大学生顺利就业，保障国家培养的大学生能人尽其才，使人力资源得到合理配置而开设的课程。劳动理论教育与职业生涯规划、就业指导教育能够帮助大学生树立正确的就业观念，将个人的职业理想与社会的需要结合起来，提升大学生的职业规划能力，提高职业素养，而这些方面的提升都需要在职业规划及就业指导教育教学中渗透劳动理论教育，帮助大学生认识自我、观察社会与了解职业特点，将个人的目标与社会目标相结合，实现个人的充分发展。当前，部分大学生缺乏奋斗精神，不愿意到偏远和艰苦的环境中工作，不愿意从事体力工作，对进工厂做普通工人较为排斥。这些需要在职业规划及就业指导课程中加强教育，当前课程存在着缺乏劳动观念的渗透，缺乏劳动能力的培养等问题。在职业生涯规划与就业指导教学中，劳动观培养应注重培养大学生辛勤劳动、甘于奉献、勇于创新的劳动精神和劳动习惯，用马克思主义的劳动理论引导当代大学生树立正确的就业观。同时，职业生涯规划及就业指导课程应引导大学生明确劳动的重要意义，明确劳动是实现人生价值和人的全面发展的重要途径，职业是实现人生价值的途径。在职业生涯规划及就业指导课中渗透劳动理论教育有助于大学生树立正确的职业道德观念、职业理念、创业意识和劳动法治理念。

创新创业课程有效渗透劳动理论教育对促进大学生形成新时代劳动观具有重要意义。创新劳动"是相对于常规劳动而言的，就是指能够做出创新的劳动，即能够做出知识创新、技术创新、制度创新以及其他创新的劳动"。❶ 创新劳动可以在生产劳动的过程中以消耗更少的生活资料，更少的劳动消耗达到降低生产商品的个别时间，创造更多的价值。因此，创新劳动是未来劳动发展的趋势，大学生需要树立创新劳动观。当前，全球范围内的新科技革命正

---

❶ 董振华. 创新劳动论：从经济学到哲学的理论思考[M]. 北京：中共中央党校出版社，2005：55.

如火如荼地进行着，新业态、新劳动形态不断涌现，对创新性劳动的需求日益增多。创新创业教育正是在这样的时代背景下被提出来的，高校创新创业教育与创新劳动观培养具有内在一致性。马克思主义劳动观一直强调劳动的创造性，劳动创造了人和人类社会，也不断推动着社会的发展。在创新创业课程中渗透马克思主义劳动理论教育，可以帮助大学生树立创新劳动观，明确劳动创造美好生活的理念。创新创业教育课程教学中，应当有效融入劳动情怀教育，引导大学生努力学习科学文化知识，引导大学生坚定理想信念，培育劳动情怀，用创造性的劳动实现中国的跨越式发展。

6.2 以劳动实践教育助推大学生劳动观培养

通过实实在在的体力劳动，大学生才能在劳动中出力流汗，做到体认劳动最光荣、最崇高、最伟大、最美丽的劳动价值观，进而做到辛勤劳动、诚实劳动、创造性劳动。大学生劳动观培养是大学生思想政治教育的一部分，观念的形成离不开实践，实践又是检验观念的标准，二者相互促进，相互影响。因此，劳动实践教育与课堂理论教育同等重要。基于大学生劳动实践教育相对缺失的现实情况，应从四个方面开展劳动实践教育，助推大学生劳动观培养。

6.2.1 创新劳动实践教学

大学生劳动观培养不仅需要发挥课堂理论教学的主渠道作用，使大学生高效地掌握劳动的相关理论、知识和信息，而且需要通过劳动课的实践教学磨炼意志、增长才干。劳动课程中的实践教学具有模拟与训练的特点，劳动实践时间相对较短，劳动人数相对集中。因此，高校劳动实践教学需涵盖生产劳动、服务性劳动和日常生活劳动三类劳动，并且为大学生精心挑选和设计各种劳动实践的场景。开展劳动实践课程教学可以有针对性地引领大学生新时代劳动观的全面生成，即形成正确劳动认知、培养热爱劳动的情感、具备积极的劳动精神和劳动信念。

目前，大学生劳动必修课程建设正处于起步阶段，劳动实践教学在全国范围内开展情况参差不齐，劳动课实践教学主要以"劳动周"或者"劳动月"的形式开展，即各年级停上一周理论课，或者在一个月内把学校活动重点放在劳动实践上，集中进行劳动实践。但是，"劳动周"或者"劳动月"在很多高校的实施流于形式，劳动实践教学内容以打扫卫生等简单体力劳动为主，劳动观培养出现有"劳"无教的情况，大学生不能在劳动实践教学过程中形成正确的劳动观，没有发挥劳动实践教育的育人效果。因此，劳动实践教学首先要明确劳动不是目的，目的是让大学生通过劳动明白劳动的目的、价值、意义。教师在开展"劳动周"或者"劳动月"实践教学前需阐明学习目的和方向,在劳动实践过程中潜移默化地引导大学生对劳动的认识,课后进行劳动实践总结与讨论。"劳动周"或者"劳动月"可"采用专题讲座、主题演讲、劳动技能竞赛、劳动成果展示、劳动项目实践等形式进行。"❶其次,要创新劳动实践教学的内容,"劳动周"或者"劳动月"教学内容的选取应注重与专业内容的相关性,既要注重体力劳动也要注重脑力劳动;既要注重技能的学习也要注重劳动观念的养成;既要注重常规劳动也要注重创新劳动。劳动实践教学内容的开发应选取日常生活劳动、生产劳动和服务性劳动,分阶段进行侧重点不同的教学内容安排,多开发适合时代发展的实践教学内容。再次,需要搭建种类多样的实践教学平台,校内实践教学平台包括食堂、宿舍、教室等作为实践基地,但由于校内劳动实践受空间的限制,其实践形式相对单一,具有被动性,应积极拓展社会劳动教学实践平台,包括面向社会的公益劳动平台、与企业合作的生产实践平台等。最后,明确"劳动周"或者"劳动月"管理制度。由于"劳动周"或者"劳动月"实践教学形式是全校性质的必修课程,"劳动周"或者"劳动月"应当实行统一领导,分部门管理负责,劳动实践合格者给予相应学分,不合格者必须重修。具体来说,教务处负责制定劳动实践课管理办法,安排劳动实践;学生处负责"劳动周"或者"劳动月"日常管理,协调各部门落实"劳动周"或者"劳动月"具体实施事项;各分管学院制定"劳动周"或者"劳动月"实践内容,学生参加劳动实践后应派专门的老师负责对"劳动周"或者"劳动月"进行总结与教育。

6.2.2 积极开展日常生活劳动实践教育

日常生活劳动实践教育主要立足于个人生活事物的处理,注重生活能力和良好卫生习惯的养成,注重勤俭持家之道,重点在于强化劳动的自立自强的意识。开展日常生活劳动实践教育,大学生可以直观感受到劳动带给生活的变化,带来美的享受,有利于激发大学生热爱劳动及劳动人民的情感,并且珍惜劳动成果。

受中国传统劳动观念的消极影响,相当一部分大学生仍然认同"学而优则仕""劳心者治人,劳力者治于人"的消极劳动观点。另外,中小学紧张的升学考试压力导致部分家长和孩子认为体力劳动会影响学习,很多大学生在入学之前,很少或者从来没有从事过家务劳动,致使一部分大学生升入大学之后,不具备日常生活的劳动能力,不懂得热爱劳动的道理,劳动观念淡薄。因此,高校需要加强日常劳动实践教育。同时,家务劳动也是日常劳动实践的重要形式,某种程度上家庭劳动实践对大学生的影响更加深远。马卡连柯认为家庭教育在教育体系中居于重要的位置,他指出:"教育工作,特别是家庭集体工作的最深刻的意义,就在于选择和养成人类各种需求,就是把人类的需求提高到只有无阶级社会才有可能达到的道德的高度,而只有这样的道德才能够促使人类为争取达到更完美的目标而努力。"❷可见,当

---

❶ 教育部.教育部关于印发《大中小学劳动教育指导纲要(试行)》的通知[DB/OL].
❷ 马卡连柯.马卡连柯全集(第4卷)[M].张磊然,译.北京:人民教育出版社,1957:35.

代大学生劳动观培养过程中,家庭教育起着至关重要的作用。我们的调查也发现,大学生不参加家务劳动的比例达到 5.28%,每天参加劳动时间不超过 10 分钟的达到 7.51%。这便能解释为什么部分大学生不具备起码的日常生活劳动能力,甚至连洗衣服、整理内务都不会,也能解释为什么大学生花钱大手大脚、浪费粮食、不珍惜劳动成果等现象频发,如曾经被称为神童的魏永康,因为母亲在生活上的百般呵护,只知道学习,不懂得劳动,不具备基本的生活能力,最终以退学收场。而"在有的发达国家,整个社会风气崇尚自立、尊重劳动,因此创造了经济的繁荣。一些国家早就制定了青少年参加家务和公益劳动的法律,比如德国法律规定 6 岁以上孩子必须做家务,日本和新加坡从 20 世纪 80 年代起就制定规章制度,中小学生必须参加清洁卫生运动。"❶

大学生日常生活劳动实践教育的开展需要明确劳动实践的内容和组织形式。日常生活劳动实践教育的师资应以学生工作队伍为主,其中辅导员应成为大学生日常生活劳动实践教育的主要负责人,负责对学生的日常生活劳动进行督查、评价。家长是大学生家务劳动的主要负责人,负责教育孩子从事一些力所能及的体力劳动,让孩子能够体会父母的工作艰辛。学校与家庭日常生活劳动实践不应当被割裂,应当形成教育的联动机制,以起到事半功倍的教育效果。一方面,学校应关注大学生寒暑假、周末的家庭劳动实践教育。学校设计并安排大学生寒暑假及周末日常生活劳动实践教育内容,通过与家长合作,从日常生活的小事着手,共同开展家庭劳动实践教育,如制作家务劳动清单、布置假期家务劳动作业等。学校可以将学生假期劳动成果以图片、视频等形式展示出来,以鼓励大学生积极参加家庭日常劳动实践。另一方面,学校是大学生集体生活的场所,班级和寝室是家庭的延伸,学校日常劳动主要包括班级、宿舍、个人内务的清理和打扫。学校可以通过在集体中的劳动培养大学生劳动的积极性,增强大学生的集体荣誉感和责任感,通过"行为养成""寝室卫生标准化""勤工助学""社团实践"等活动形式,促成大学生形成良好的日常生活劳动习惯。同时,学校应将大学生在校劳动表现及时反馈给家长,通过家校的双向互动,激发大学生形成热爱劳动情感。

6.2.3 注重生产劳动实践教育

生产劳动实践教育是大学生实践教育的重点内容,这与大学生即将走向工作岗位的需求直接相关。生产劳动实践教育指的是让学生在工农业生产过程中,直接经历物质创造财富的过程,体验劳动由简单到复杂再到创造性劳动的发展过程,学会使用工具,掌握相关技术,体会平凡劳动的伟大之处。通过生产劳动实践教育可以培育大学生的创新劳动精神。大学生生产劳动实践教育主要包括实习实训和创新创业两种教育形式。

第一,加强大学生实习实训教育。实习实训是高等学校专业教育实践教学环节中的重要组成部分,其内容包括专业实习、专业实训、专业实验等,是高校依托不同的教学环境,结

---

❶ 《八荣八耻党员干部读本》编写组.八荣八耻党员干部读本[M].北京:红旗出版社,2006:92.

合专业知识对大学生进行的有组织、有计划的实践性教学活动。实习实训可以帮助大学生深入地理解课堂所学理论知识，激发大学生创新意识的形成，提升大学生的劳动素养，增加大学生的就业竞争力。大学生实习实训是为了检验理论知识，增强动手实践能力及发现问题的能力，是适应未来职业的一种劳动实践形式，是高校劳动实践教育的主要形式之一。实习实训过程可以增进大学生对生产劳动的认识，有助于培养未来高素质劳动者，为提高整个社会的劳动生产率，实现民族复兴打下坚实基础。在实习实训的过程中，大学生可以通过生产劳动认识到劳动的价值，体会价值是凝结在商品中的一般人类劳动，懂得珍惜劳动成果。大学生也能够认识到新的劳动知识、新的劳动方法和新的劳动技术在生产劳动中的重要性，懂得创新劳动的重要性。要求大学生在实习实训的过程中，以问题为导向，不断运用新思维、新方法创造性地解决实际问题，形成创新劳动的精神和意识。

大学生劳动观培养与实习实训相结合应注意两方面内容。一方面完善实习实训的考评体系。实现劳动过程考评，强调实习实训过程中学生所展现出的劳动态度、劳动精神、劳动信念，对表现良好的大学生给予激励，对表现不好的大学生予以批评。另一方面发挥校企合作的协同育人作用。通过企业的独特文化育人作用，选择拥有良好文化底蕴的企业进行实习实训，可以让大学生感受企业文化，有助于大学生形成敬业、诚信的劳动意识。同时，选取企业的劳动模范、先进个人，带领学生进行实习实训，运用榜样示范的育人方法，弘扬劳模精神、工匠精神和劳动精神。

第二，完善创新创业实践教育。创新教育的目的是培养学生形成创新意识、创新精神、创造性思维并进行创造性实践，将创新的理念应用于商业实践活动过程。创新创业实践活动本质上是一种综合劳动形式，是脑力劳动、体力劳动等劳动形式的结合，创新创业实践是打破常规劳动的一种创新性劳动实践。

大学生劳动观培养与创新创业实践教育结合是新时代创新性人才培养的需要。随着全球科技的不断进步，人工智能和信息化时代的到来，劳动也被赋予了更多新的内涵，人们对创新劳动有了更加明确及深刻的认识，未来的劳动更加注重创新，培养具有创新劳动精神的人才成为各国教育的重点内容。创新创业实践教育是培养创新意识，形成创新思维和坚定创新信心和意志的重要途径。当代大学生创新创业实践教育方式较为单一，不能将劳动价值观教育有效融入创新创业活动过程中，缺少对创新创业精神和素质的关注，更多的是关注活动本身。大学生对创新创业实践的参与热情也不高，调查显示，只有66.51%学生参加过创新创业活动。创新创业实践通常包括课内教学实践、课外活动实践、校外实习实践三种实践形式。创新创业课内实践教学是利用实验、实操实训等方式检验理论所学，激发创造兴趣，引导大学生树立创新解决问题的方法和思维，了解创新创业思维形成的基本流程，重视创新劳动在人类社会发展中的作用。课内教学实践能够促使大学生明白人类社会的进步，每一项发现、创新都将促进产业的革新，新技术在广泛应用后，重复劳动的量变积累为下一次创新劳动积蓄着力量，生产方式的革新是量变与质变的交替发展的结果，具有阶段性、波浪性交替前进的特点，其中创新劳动起着关键作用。课内创新创业实践教育可以有效培养学生的创新精神和创业意识，激发劳动创造力。在课外实践活动中，要鼓励学生积极走向社会，了解行业和企业的最新发展动态、创新方向，使大学生体验创新创业在产业发展中的重要作用，树立在工作中创新劳动的观念。同时，学校可以联合企业开展各类创新创业训练实践活动，帮助大学生进行创新创业活动，体验创新行业管理、服务、技术等革新手段和方式。学校还可以建立创新创业社团，通过创新创业沙龙、讲座等活动形式，培养大学生的创新劳动观念和意识，促使学生在学习和工作中自觉践行创新劳动精神。在校外实习实践活动中，要鼓励并支持大学生参加创新创业项目的落实和推进，支持学生在高新企业实习实践，体验劳动实践新形态、新方式，踏踏实实地开展创新创业劳动实践。劳动观培养与创新创业结合需要高校、政府、企业等单位搭建多方协作的实践平台，形成产学研一体化的实践教学模式，不断完善"双师双能型"教师队伍，提高指导学生创新创业实践的能力，促进大学生创新劳动精神的形成。

6.2.4 拓展服务性劳动实践教育

服务性劳动实践教育指使学生利用知识和技能为他人与社会提供服务，在服务岗位上见习实习，树立服务意识，实践服务的技巧，在公益劳动和志愿服务中增强社会责任感。对大学生来说，服务性劳动实践教育主要包括社会实践和志愿服务两种教育形式，社会实践与志愿服务教育都有助于大学生了解社会，通过为社会提供服务性劳动，增强社会责任感和使命感，坚定通过辛勤劳动、诚实劳动、创造性劳动实现中华民族伟大复兴的信心和决心。

第一，加强社会实践教育。大学生社会实践是在校大学生利用课余时间，步入社会与社会接触，提高个人能力，发挥自己的聪明才智，对社会做出贡献的活动。社会实践过程是对思想和理论的验证、运用和发展，是劳动认知形成的重要环节。大学生劳动观存在的问题很大一部分原因是脱离社会实践，缺乏实践知识和社会责任感，不能认识到个人与国家的发展都有赖于辛勤的劳动。社会实践活动是大学生了解社会、服务社会的重要渠道之一，也是提升大学生劳动能力和素养的重要手段。因此，大学生社会实践一直受到国家和高校的重视，但在开展社会实践教育的过程中，仍然存在一些问题，比如，社会实践的专业化不够，对口服务率不高，大学生社会实践存在走过场的情况，造成社会认可度不高；缺乏制度保障、资金支持，导致社会实践的临时性和盲目性；大学生参加社会实践的认识不足，导致社会实践缺乏吸引力与功利化倾向。针对大学生社会实践存在的问题，需要加强社会实践活动教育，一是鼓励大学生深入社会基层，使大学生深入了解党史与国情，从而帮助他们了解我国社会主义建设所取得的伟大成就，了解我国社会主义现代化建设面临着巨大的挑战，使大学生坚定实现民族伟大复兴的信心，增强大学生的责任心与使命感。二是开展便民服务、义务劳动、暑期"三下乡"等实践活动，让大学生直观感受劳动者的辛苦付出，对劳动和劳动关系有更进一步的了解，有助于树立正确的择业观。三是强化组织领导与制度建设，深化师生对社会实践活动的认识,提升对社会实践活动参与的积极性与主动性,增强社会实践教育的实效性。总之,加强大学生社会实践教育可以使大学生懂得"实干兴邦"的道理,明白改革和发展中遇到的各种难题,只有辛勤劳动才能破解,切实将民族复兴的使命扛在肩上。

第二,积极推行志愿服务教育。志愿服务是一种特殊的社会实践形式,也是一种劳动实践,还是为促进社会进步而自愿付出个人的时间及精力所作的不求回报的服务工作,为社会和他人贡献自己的力量。在志愿服务过程中,大学生可以更好地理解劳动的社会性,劳动不仅可以帮助他人,也可以使自己获得精神上的满足,理解劳动是人的第一需要。当前,我国大学生志愿服务发展迅速,志愿服务团体和组织不断壮大,呈现了良好的势头,已经形成了良好的品牌效应,大学生志愿服务在大型活动、抗震救灾等重大场合中均发挥着重要作用。但是,我们也应当看到,大学生志愿服务还存在不足,例如,服务领域单一,专业化不足,自主意识有待完善,激励机制不健全等问题。因此,高校应积极推行志愿服务教育。一是明确大学生志愿服务教育的新时代主题,弘扬"奉献、友爱、互助、进步"的志愿服务精神,践行社会主义核心价值观。引导大学生运用所学专业知识承担急难险重任务,面对重大突发事件时发挥主动奉献精神;培养大学生的公共服务意识,将人民幸福和社会发展与志愿服务精神相结合,唤醒社会责任感与幸福感。二是重视大学生志愿服务教育的相关政策制定。学校应建立志愿服务的长效机制,明确志愿服务是劳动实践教育的重要组成部分,将参与志愿服务与学生的评奖评优、升学、德育评价等挂钩。三是强化志愿服务教学。志愿服务可以作为思想政治实践课程的一部分,实现常态化。志愿服务应配备专业的指导教师,在每次志愿服务活动中,指导教师负责对志愿服务的内容、形式、目标进行规划。每次志愿服务后,学校应要求大学生将志愿服务体会形成书面报告,对志愿服务进行系统的总结与反思。通过教师的教育与学生的自我教育相结合的方式,促进大学生领悟劳动是人的第一需要,是幸福的来源,深刻领会"四个最"的内涵,形成马克思主义劳动观。为确保劳动观培养与社会实践及志愿服务的有机结合,高校应当推行第一课堂与第二课堂的深度融合,发挥课外劳动实践的支持作用,推进第二课堂的管理制度建设,丰富第二课堂实践活动内容,将劳动元素和劳动观念培养纳入活动之中。

6.3 营造崇尚劳动的文化氛围

良好的劳动氛围有利于劳动观培养的顺利开展,大学生劳动观培养需要对校园、社会、网络、家庭等与大学生紧密相连的环境进行优化,着力营造崇尚劳动的文化氛围,达到潜移默化的教育效果。

6.3.1 形成劳动光荣的社会文化环境

大学生是未来的劳动者,即将离开学校走向社会,参与社会劳动实践,优良的社会劳动环境对大学生新时代劳动观的形成具有重要作用。构建劳动光荣的社会文化氛围应从以下几个方面着手:

第一,坚持和完善公正的劳动收入分配制度。劳动观培养的效果归根结底要受到社会现实的制约与影响。只有整个社会形成合法劳动受到保护,非法劳动受到惩罚,劳动者受到尊重的社会氛围,在社会上形成人人争优、人人创新的社会劳动环境,大学生劳动观培养才能实现预期的效果。2019年10月31日,十九届四中全会通过《中共中央关于坚持和完善中国特色社会主义制度 推进国家治理体系和治理能力现代化若干重大问题的决定》,根据四中全会的精神,首先,一线劳动者的收入分配比例应当进一步提高,奖励辛勤和创新劳动。遵循按劳分配的原则,国家应从制度层面设计和完善具体的分配标准,收入分配应向一线劳动者倾斜,不能使创造财富的劳动者在收入分配中占比过小。这样可以提高一线劳动者的积极性,形成重视一线劳动者的社会风气,也可以促使大学生愿意从事一线工作,愿意下基层、进工厂。对于在创新劳动中取得成绩的个人或者集体,应当给予物质和精神奖励,从制度上增加奖励的覆盖面及奖励的力度,进一步形成"大众创业、万众创新"文化氛围。其次,劳动者合法权益的保护需要进一步增强。在现实生活中,存在着一些劳动者的合法权益得不到保护的情况,比如有些企业拖欠工人工资,拖欠农民工工资的情况。如果这些情况得不到解决,那么就会在社会上形成部分劳动者是弱势群体,他们的劳动也是低人一等的氛围。劳动者的法律保障不健全是造成劳动者合法权益得不到保障的根本原因,需要从法律和制度层面保障劳动者的权益,确保他们的劳动收入和劳动地位得以提高,真正在社会上形成尊重一切劳动者的社会氛围,这也有助于大学生形成正确的择业观和就业观。最后,非法和隐性收入应当被打击和取缔,同时调节过高收入。非法和隐性收入是保障公平的最大障碍之一,非法的收入形式如果不采取严厉的法律措施予以打击,那么将会助长投机取巧的社会风气,导致大学生剽窃他人劳动成果等事件的发生。只有建立起打击非法劳动的机制,才能真正鼓励合法诚实的劳动。调节过高收入是当前建立按劳取酬制度的任务之一,目前许多体育、影视明星过高的收入明显与其劳动价值不相符,大学生拜金、偶像崇拜等现象不断发生,究其原因是这些人获得的收入、地位与其付出的劳动不成正比,如果助长这种风气,便会加剧大学生不劳而获、少劳多获的心理。

第二,发挥先进模范的带头作用,形成崇尚劳动的文化氛围。榜样的力量是无穷的,通过先进模范的带动形成崇尚劳动的文化氛围,有利于促进大学生形成新时代劳动观。首先,加强党的领导,党员干部带头参加劳动。中国共产党是工人阶级的政党,党的本色是保持与人民群众的血肉联系,在参加劳动方面,党员干部要起到先锋模范作用。其次,发挥教师的模范示范作用。教师是与大学生紧密接触的人,教师的行为影响着大学生的行为。教师在工作中应起到表率作用,教师在劳动观培养的过程中应发挥"言传身教"的作用,在教学及与学生日常交流中，应始终做到爱岗敬业，对待工作遵守诚信原则，严格要求自己，不弄虚作假，用自己的行为感染学生。

第三，加强媒体的宣传教育作用。传媒主要指广播、报刊、电视、互联网等传播媒介，传媒具有覆盖面广、信息量大、传播速度快等特点，大学生思想活跃，媒体对大学生劳动观的影响十分深远。因此，通过媒体营造劳动光荣的社会文化氛围，大力宣传崇尚劳动、敬重劳动者的主旋律，鼓励并赞美通过辛勤劳动、创新劳动实现个人价值和社会价值的科学家、新兴产业工人和普通劳动者。倡导无论是快递小哥、建筑工人、环卫工人、农民，还是白领阶层、新兴产业从业者、企业管理者，或是政府公务员、人民教师、医生护士、人民警察，都应该得到尊重，他们的劳动都要受到法律的保护和社会的尊重。让大学生明白正是因为有了千千万万的劳动者，才有了中国的社会发展和文明进步，也才能够实现"人民的美好生活"。文化产品和文艺工作者要讴歌和反映劳动者的辛勤劳动，反映人民的生产劳动社会实践，用文学和艺术的形式礼赞劳动者，弘扬劳动最光荣的社会风气。文化产业要注重社会效应，文化作品要防范享乐主义、极端个人主义和奢靡之风的泛滥，始终坚持社会主义先进文化的发展方向，激发人民的劳动热情，挖掘人民的劳动智慧，形成热爱劳动、尊重劳动的良好社会风尚和舆论导向。总之，媒体宣传教育一定要具有正能量，做到劳动观培养宣传的内容与马克思主义劳动观相一致，不要传播一夜暴富、不劳而获等负面新闻。媒体应大力宣传劳动模范的先进事迹，敬业奉献的"工匠精神""劳模精神"，坚决抵制享乐主义、拜金主义、奢靡之风，为大学生营造一个劳动光荣的社会氛围。

6.3.2 打造崇尚劳动的网络文化环境

《中国互联网发展报告2020》显示，截至2019年底，我国移动互联网用户规模达13.19亿，占据全球网民总规模的32.17%。我国互联网已经进入以人工智能等新兴技术和实体经济深度融合的万物互联新阶段。当今，互联网的发展已经深入人们生活的方方面面，网络正快速地改变着社会生活。高校是科学研究的聚集地，互联网和移动网络技术已经在大学被广泛应用，大学生是使用互联网最频繁的群体之一，网络已经成了大学生学习、生活、娱乐的重要组成部分。网络对大学生价值观形成具有重要的影响，网络具有便捷、互联互通等优势，为大学生学习和研究提供了便利，但是网络中也存在着一些扰乱大学生思想的错误言论和信息，是一把"双刃剑"。因此，优良网络环境的创设是大学生思想政治教育的重要内容，必须占领网络劳动观培养的阵地，打造崇尚劳动的网络文化环境。

基于网络的快速发展及重要影响力，网络劳动观培养必须紧跟网络发展的最新动向，打造崇尚劳动的网络环境。首先，要组建专门的网络劳动观教育工作队伍，建设劳动观培养主题网站，利用图片、声音、视频等一体化的交互式教育平台，共享劳动观培养内容，丰富教学资源，提供师生互动平台，开展劳动观培养。同时，在其他相关网站平台，如就业网站、思想政治教育网站等开辟劳动观教育相关专栏，为大学生提供更多网络学习平台。其次，运用大学生常用的即时通讯工具进行宣传教育。此类工具具有不受空间和时间限制，便于师生平等互动，学生使用率高，可以有效利用碎片化时间进行教育等优势。通过微博、微信公众号、QQ 空间等平台，以劳动观教育为核心内容，宣传劳动价值观、劳动创新成果、和谐劳动理念，可以促进形成崇尚劳动氛围。同时，利用即时通讯工具，如 QQ、微信、电子邮箱等，针对群体或个人进行劳动实践活动的组织、总结及教育，便于教师与学生进行深层次沟通和交流，可以及时纠正大学生劳动观存在的问题。再次，占领网络劳动观教育的阵地，塑造崇尚劳动的网络文化。学校可以运用新媒体技术大力宣传"辛勤劳动、诚实劳动、创造性劳动的典型人物和事迹"，组织学生参与制作宣传劳动精神的影音作品，感受劳动带给人的成就感和幸福感。运用新媒体技术"再现"劳动故事，"还原"中国人民在党的领导下艰苦奋斗的历史，使大学生了解共和国成长的光辉历程，身历其境地感受劳动的魅力和劳动人民所蕴含的巨大力量。最后，加强网络管理，保持风清气正的网络环境。网络是思想政治教育的有效途径，但是网络也可以无限放大消极的一面，针对个别抹黑历史，抹黑劳动人民成果的思潮和言论，比如历史虚无主义、民粹主义等，要坚决抵制。必须依据《网络安全法》依法维护网络安全，针对一些网络错误言论采取坚决的监管措施，抵制炫富、享乐、好逸恶劳、不劳而获等影响大学生的错误思想和言论，营造一个积极向上、奋斗进取、崇尚劳动的网络环境。此外，通过网络开展调研，利用大数据技术分析大学生劳动观教育现状，有助于找出大学生劳动观存在的问题，便于针对问题调整劳动观培养策略，为学校和教师提供劳动观培养的依据。

6.3.3 优化校园劳动文化环境

大学生在校接触时间最长，所受影响最深的环境就是校园环境。优化校园劳动文化环境有利于大学生劳动观培养的顺利开展。把马克思主义劳动观融入到校园文化建设之中，充分挖掘校园文化的育人因素，形成人人热爱劳动的校园文化氛围，有利于大学生新时代劳动观的养成。

首先，通过形成优良的校风、学风，优化大学生劳动观的培养环境。校风、学风反映一个学校的整体精神风貌，把踏实工作、勇于创新、艰苦奋斗等优良劳动精神融入校风、学风之中，上至学校领导，下至普通员工、学生自觉践行奋斗的精神，把劳动光荣作为全校师生共同的价值取向。校园劳动文化环境的优化，可以从校规校纪的制定和执行入手，可以从规范奖惩措施入手，从日常的劳动宣传入手，对劳动文化氛围进行引导，形成"以辛勤劳动为荣、以好逸恶劳为耻"的文化氛围。其次，开展丰富多样的校园文化活动，创设大学生劳动观培养环境。学校通过设立劳模工作室、技能大师工作室等方式弘扬"劳模精神""工匠精神"。学校可以利用与劳动有关的节假日进行劳动观培养宣传，比如植树节、"五一"国际劳动节、国庆节等重要节日，通过邀请劳动模范介绍先进事迹，表彰劳动积极分子，大力宣传劳动人民的辛勤付出等形式，挖掘这些节日背后的深层意义，促进大学生思考劳动的意义，自觉参加劳动实践。学校还可以利用社团、班级、日常管理开展大学生劳动观培养，校园劳动文化的创设必须依托一定的组织，在大学生密切接触的组织开展各类竞赛活动,如文明卫生评比、各类技能竞赛等活动;举办弘扬劳动光荣的文化活动,如关于劳动的书画展、征文、演讲、辩论、学术活动,通过大学生喜闻乐见的文化活动形式涵养新时代劳动观的形成。高校还应该注重志愿服务文化的养成。大学生志愿服务是伴随我国改革开放不断深入而形成的以"奉献、友爱、互助、进步"为主要内容的志愿活动。大学生志愿服务遍布各个行业和领域,在保护生态环境、参与社会救助、参与重大自然灾害的救助、扶贫支教、学生互助与帮扶等方面发挥着重要作用。这都充分展示了我国大学生的精神风貌和使命担当。培育志愿文化,培养志愿精神将有利于劳动精神落地生根,有利于大学生在实践中成长。最后,建设校园物质文化,打造劳动观培养的硬环境。思想的形成与物质环境是密不可分的,尊重劳动的校园物质文化可以增强学生对劳动的感情,可以通过增设校园文化长廊、宣传展板、条幅等劳动观培养的有效载体对劳动进行宣传,或通过增加关于劳动教育的雕塑、绘画作品等营造校园劳动氛围。

6.3.4 创设良好的家庭劳动文化环境

家庭是孩子的第一所学校,父母是孩子的第一任老师,家庭教育对孩子的影响深远,为孩子上好"人生第一课",帮助他们扣好人生第一粒扣子。家庭教育并不像学校教育那样有专门的组织、计划,针对专门的知识点进行教学,而是具有启蒙性、感染性、专一性、终身性等特点,家庭教育主要通过文化环境影响孩子,因此,创设良好的家庭劳动文化环境有助于大学生新时代劳动观的形成。

第一,弘扬优良的劳动家风和家教。目前,大学生出现不想劳动、不会劳动、不珍惜劳动成果的现象很大一部分原因是家庭不重视劳动观培养造成的结果。受"劳心者治人,劳力者治于人"传统劳动观念的影响,很多家长将体力劳动与学习对立起来,中小学阶段,一些家长为了使孩子全身心投入文化课的学习中,包揽了所有家务劳动,甚至个别家长选择了陪读的方式来解决孩子的生活起居问题,从而造成部分大学生自理能力不强,劳动意识淡薄。优良的家风家教与社会主义核心价值观相一致,可以有效提高劳动观培养的效果。形成良好的关于劳动的家风家教,必须转变家长的教育理念。一是各级党政、教育机构、群众团体组织应当重视引导家长改变消极的劳动观念,注意用劳动促进人的全面发展的理念引导家长理解劳动,让家长了解劳动不仅可以强健体魄、增长智慧,而且可以促进孩子身心健康成长,劳动与学习不存在冲突,只有体力劳动与脑力劳动协同发展,才能促进孩子的成才。通过挖掘中华民族的传统劳动美德,继承和弘扬优良的家风家教。工会、共青团、妇联等组织应当协同学校开展关于优良家风家教传统文化的相关知识培训和讲座,发掘传统文化中关于劳动观培养的优秀案例,将中华民族勤俭、奋斗、奉献等劳动精神传承下来,同时,劳动的家风和家教也随着时代的变化而不断变迁,注重将生态劳动、创新劳动等教育理念融入现代家风家教之中。转变家长的教育理念,从而形成热爱劳动、尊重劳动者的"好家风"。二是家长应引导孩子树立正确的择业观。大学是培养高级人才的场所,大学生面临着就业的问题,如何正确的看待就业是大学生劳动观培养的重要内容。

家长应当更新就业观念，改变"学而优则仕"的传统就业观，形成"职业只有分工不同，没有贵贱之分，每一个劳动者都应当被尊重"的观念。在教育孩子的过程中，家长不要将劳动岗位划分为三六九等，也不要盲目攀比，而是要教育孩子形成"干一行，爱一行""三百六十行，行行出状元"的工作态度，将个人的发展同祖国的需要结合起来，到国家最需要的地方去工作，去建功立业。

第二，家长注重言传身教。马卡连柯指出："只有正当的家庭作风，才能给你们提供对待孩子的正确方法。"❶可见，父母的行为对孩子的影响十分深远。本次问卷调查显示，70.63%的大学生认为父母最能影响自己的劳动认识，这种认识明显高于教师及其他人员。孩子的第一任老师便是父母，父母的言行直接影响着子女对劳动的态度。家长应在日常的工作和生活中以身作则，发挥示范作用，家长对待工作应当认真负责，给孩子树立起敬业的典范。在家庭的劳动中，家长应形成勤俭持家的优良作风，教育孩子勤俭光荣，浪费可耻。通过示范，教育孩子自己的事情自己做，养成良好的劳动习惯，自觉承担起洗衣服、打扫卫生等力所能及的家务劳动。同时，家长也要不断提高自身修养，不能将一些错误的思想和言论传递给孩子，不能为了教育孩子好好读书，就贬低普通劳动者，尤其是体力劳动和体力劳动者。

6.4 完善劳动观培养的制度保障

大学生劳动观培养是一项系统工程，涉及社会、学校、家庭等组织和个人，劳动观培养不仅需要理论与实践教育的结合、文化氛围的创设，更需要高校用制度来保障大学生劳动观培养落地生根。

6.4.1 确立劳动观培养的物质保障机制

物质保障是进行教育的重要基础，劳动观培养既涉及理论层面的教育也涉及实践方面的教育，对物质投入的要求比较高。具体而言，从高校的角度，大学生劳动观培养应健全经费投入机制，完善基础硬件设施保障机制。

第一，健全经费投入机制，需要加大大学生劳动观培养经费投入。一是要加大劳动观培养的教学、管理的经费投入，做到资金的高效合理利用。近年来，由于国家对高校劳动培养的重视，许多高校新开设了劳动教育必修课程，新课程处于起步阶段，需要大量的资金用于课程建设，因此，必须将劳动观培养所需经费列入每年的经费预算中，设立专门的

---

❶ 马卡连柯.马卡连柯全集(第4卷)[M].张磊然,译.北京：人民教育出版社,1957：163.

教学、科研经费，确保劳动观培养相关课程开好、讲好。同时，劳动观培养属于思想政治教育范畴，与思想政治教育有着紧密的联系，为确保思想政治课程中关于劳动观培养的顺利开展，需要明确在思想政治教育课程中大学生劳动观培养所占经费比例，按比例把劳动观培养所需经费从思想政治教育课程经费中单独划拨出来，实行专款专用。在劳动观理论教学、师资培训、学术交流、调查研究、实践研修、教研室的创建、图书资料、科研与教学等方面适当加大劳动观培养经费投入。二是要加大对日常劳动观培养活动的经费投入。劳动观理论教育是主渠道，日常教育则起到了潜移默化、润物无声的效果。日常劳动观教育包括对学生的生活学习的教育、课外实践教育活动、大型思想政治教育活动等，这些方面的教育都需要教育经费的支持。应建立日常劳动表彰机制，以自筹资金为主，吸纳社会经费为辅的方式，用于表彰先进学生和教师。

第二，完善基础硬件设施保障机制，多渠道开辟劳动实践场所。为拓展劳动观培养的实践范围，改善教育条件，确保日常劳动观培养的所需场所、设备等基础设施的建设，高校必须因地制宜地开辟劳动实践场所，建立健全开放共享的劳动实践基地。加大劳动观培养基础设施的投入力度。由于基础设施建设周期长，所需经费巨大，因此，高校应把劳动观培养的设施、设备和活动场所、基地建设纳入学校总体建设规划中，并以基本建设和设备费用等方式予以保证。市场经济和高校产业化改革的深入发展，为大学生劳动实践教育提供了便利条件。在新时代条件下，大学生劳动观培养应更加注重理论与实践的结合，高校应与后勤集团沟通，开辟包括学校食堂、公寓等作为劳动实践基地，并为大学生劳动提供经费支持；高校应与地方政府沟通，积极获取校外实践基地用地审批权及经费等支持，通过政府的帮助与企业和社区建立联系，拓展劳动观实践的场所；高校应充分发挥专业优势和服务社会功能，与企业、社区建立良好的合作关系，为建立相对稳定的校外实习和劳动实践基地提供便利条件，为学生创造更多参与社会实践的机会。此外，劳动观培养必须营造氛围，劳动氛围的营造需要在宣传基础设施上下功夫。加强对校报、宣传栏、校园广播站、校园网络等媒介的建设，开辟劳动观培养内容专栏，涉及劳动观培养宣传的公共活动场地等都需要学校通过制度予以物质保障。

6.4.2 健全劳动观培养的高校管理制度

好的制度可以保证各项工作按计划进行，是达到预期目标的有效手段，完善合理的劳动观培养规章制度能够有序推进大学生劳动观培养，提高培养效果。当前大学生劳动观培养日益受到重视，但新时代大学生劳动观培养仍有待于进一步规划，高校应以习近平总书记关于劳动的重要论述为指导，完善大学生劳动观教育制度。从高校层面来讲，首先需要建立高校劳动观培养的领导体制。作为全面发展的重要组成部分，劳动观培养地位在高校长期不受重视与缺乏领导管理体制有关，在高校应当设立专门的劳动观培养实体部门，建立党委领导、校长负责的劳动观培养管理制度，实行具体工作领导分管制度。分管劳动观培养领导负责制定教育的总体规划，督促二级学院认真执行并及时反馈教育效果。其次需要健全劳动观教学管理制度。高校教学管理部门应根据国家的法律法规要求和学校党委的总体规划，制定科学合理的劳动观教学目标、教育计划、教学管理和评价等细则，保证劳动观培养的教学质量，增强劳动观培养的实效性。同时也要制定"以学生为本"的劳动观培养管理制度，推动劳动观培养师资培训和管理形成制度化。

评价体系对于大学生劳动观培养的顺利实施具有非常重要的导向作用。为了减少形式主义的发生，主管部门和高校要建立起科学规范的评价体系。教育主管部门要从宏观上强化对高校劳动观培养的评价和引导，并把相关的结果与高校的绩效考核相挂钩。评价的重点是"条件质量""过程质量""结果质量"等方面。❶ 所谓条件质量主要指的是劳动场景、课程体系和师资队伍等方面。劳动场景的设计要符合劳动的基本要求，符合所学专业的特点，并体现时代特征。课程体系要规范且系统，体现大学生的成长规律，体现教育教学规律。只有把劳动观培养体现在课程体系中，才能避免"走过场"和"一阵风"。师资队伍建设要强化教师的劳动认知的培养以及相关劳动观基本素养的培养。教师本身要成为大学生热爱劳动敬重劳动的榜样。所谓过程质量主要体现在多路径、多模态、多价值的整合性实施质量上。多路径，是指劳动观培养实施渠道的丰富性；多模态，是指劳动观培养形式的丰富性、劳动媒介的多元化、劳动载体与技术的多样性等；多价值，是指劳动观培养兼顾了个体价值、社会价值、感官价值、理性价值、现实价值与未来价值等，实现了多重价值的交融生长。所谓结果质量指的是注重大学生劳动素养和发展潜能的培养，指的是今天所实施的教育能够对未来的生存和发展积蓄可靠的资本。从高等学校的角度看，要建立多元化的劳动观培养评价体系，要将学生接受劳动观培养的状况以及在劳动实践中的表现等纳入考核指标体系中，并建立起评价—反馈—优化的劳动观培养质量完善机制，不断优化高校劳动观培养的实施过程。高校要在探索中逐步建立符合本校特点的具有鲜明导向性的考核指标体系，这些考核指标体系要明确职能部门主体责任、班集体的作用、辅导员和班主任的作用，建立起明确的分工体系和工作流程。高校要把学生在劳动观培养中的表现纳入学生入党、评奖评优、表扬表彰、推免入学等各项工作的考核指标体系中去，形成德智体美劳全面考察的指标体系。

6.4.3 完善协同育人的劳动观培养机制

为了取得良好的培养效果，劳动观培养必须作为一项系统工程来抓，制定全员、全程、全方位的"三全育人"机制。"三全育人"需要调动社会、家庭和高校各方人员的力量，扩大劳动观培养的途径，在大学生入学到毕业全过程实施劳动观培养，完善协同育人机制，提升大学生劳动观培养效果，具体来说：首先，完善高校党政齐抓共管工作机制。新

---

❶ 张伟.新时代学校劳动教育质量的时代逻辑、发展要义与评价维度[J].教育科学论坛，2020(20)：3-9.

时代条件下,大学生劳动观培养需要加强高校党的领导体制,形成齐抓共管的工作机制,树立"全员育人"的劳动观培养理念。高校党政领导是高校领导核心,全面领导学校各项教育教学任务,能够把握思想政治教育方向,党政齐抓共管才能保证劳动观培养贯穿于教育各个环节。党政领导人应发挥带头作用,在日常生活和工作中辛勤劳动、创新劳动,用自身的行为调动广大教职工的劳动积极性,形成全员参与劳动观培养的工作中来,形成合力。劳动观培养不仅是思想政治课教师、辅导员等专职思想政治教育教师的工作,也是每一位教师、教职工需要肩负起的职责。针对劳动观培养的阶段性与专业性的特点,高校党政干部应该制订从入学到毕业的劳动观培养重点,形成"全程育人"的格局。劳动观培养的全程育人需要尊重大学生身心发展规律,党政干部应具有全局意识,通过整合高校各方力量,加大劳动观培养的投入,实现大学生劳动观培养的全程覆盖。同样,实现劳动观培养"全方位育人"效果,仍然离不开高校党政干部齐抓共管。在发挥思想政治理论课主渠道教育的同时,做好日常管理,劳动观培养要做到教书育人、管理育人、服务育人相结合的体制,建立教学、科研、管理等方面与劳动观培养相结合的机制。充分发挥高校党委领导的核心作用,从领导管理层面重视,做好顶层设计,营造整体劳动观培养育人环境,充分发挥隐性教育功能,打造无处不在的劳动观培养环境。其次,完善家庭、学校、社会协同育人机制。家庭、学校、社会在大学生劳动观培养过程中都起着重要作用,家庭教育"主要方式是以行导人,以情感人,潜移默化地进行教育。"❶社会教育影响力广泛,其开放性决定了大学生劳动观培养的无时间限制性。学校教育是按照国家教育方针对学生开展的有组织、有目的、科学、系统的教育,是劳动观培养的主阵地。正因为三者的作用各有优势,因此,完善家庭、学校、社会的协同教育机制,协调构建大学生劳动观培养大环境,形成强大合力,有助于达到事半功倍的效果。完善劳动观协同机制应做到建立家庭、学校、社会统一的教育机制,在各级党委的组织领导下,保证大学生劳动观培养的方针、目标、原则、内容统一,只有思想统一,目标一致,要求统一才能形成合力,在做到家庭、学校、社会教育协调统一的基础上,实现优势互补。完善协同育人的劳动观培养机制,高校应发挥主导作用,积极探索大学生劳动观培养的方式和方法,与家长、社会机构、企业建立起良好的联系,担负起协调各方的责任,保证三方开展劳动观培养的一致性。具体来说,高校应指派专门的部门负责协调家庭与学校的对接工作。建立起学校与家庭联络机制,利用辅导员、班主任与学生的紧密联系,保持与家长的联系与互动。通过建立微博、公众号、论坛等社交平台,开设讲座、家长会等形式宣传劳动观培养的理念和方法,帮助家长提高劳动观培养的能力与水平。学校应建立与企业、社会的沟通机制,形成学校与地方政府协作常态,得到地方政府支持与重视,并推进与企业的产学研合作,确保劳动观培养获得政策与物质支持。

---

❶ 骆郁廷.思想政治教育原理与方法[M].北京:高等教育出版社,2010:275.

结束语

在以习近平同志为核心的党中央的带领下,中国特色社会主义已经开启全面建设社会主义现代化强国的新征程,越来越接近实现中华民族伟大复兴的中国梦。经济全球化背景下,世界正在经历百年未有之大变局,国际竞争日趋激烈,新一轮科技革命和产业革命正在加快重塑世界,党和国家的发展面临着更加巨大的机遇和挑战。实现中华民族伟大复兴的目标需要青年一代在党的领导下,发扬艰苦奋斗精神,同全国人民齐心协力辛勤劳动、诚实劳动、创造性劳动。但近年来,一些大学生出现了不珍惜劳动成果、不想劳动、不会劳动、鄙视劳动和劳动人民的现象。缺乏正确劳动观的大学生,不仅影响个人的全面发展,也无法承担起应尽的社会责任与历史使命。因此,大学生劳动观培养是一项紧迫的任务,不仅是思想政治教育工作的需要,也是培养社会主义建设者和接班人的需要。

当前,加强大学生劳动观培养,引导大学生形成新时代劳动观具有重大的意义。大学生劳动观培养有利于实现中华民族的伟大复兴,有利于培养担当民族复兴大任的时代新人,有利于大学生形成奋斗幸福观。新时代大学生劳动观培养必须以马克思主义劳动基本理论教育、中华优秀传统文化中的劳动思想、劳模精神教育、创新创业教育、劳动法律法规教育、生态劳动理念教育为主要教育内容。大学生劳动观培养的开展需要发挥课堂教学的主渠道作用,深化大学生马克思主义劳动理论教育。劳动观培养还需要通过劳动实践体认劳动,助推新时代劳动观的养成。营造大学生社会、网络、校园立体式的崇尚劳动的文化教育环境,达到以文化人、以文育人的培养效果。另外,在制度保障方面,完善大学生劳动观培养的制度保障可以有效保障大学生劳动观培养的落地生根。

新时代大学生劳动观培养是帮助大学生正确看待劳动、劳动人民并珍惜劳动成果,进而积极进行劳动实践的教育过程。因此,大学生只有将新时代劳动观内化于心、外化于行,做到知行合一,才算真正达到了劳动观培养的目标。劳动观培养既要符合学生的身心特点,又要因材施教,是一个长期的教育过程。因此,新时代大学生劳动观培养需要注意与中小学劳动观培养的衔接,与劳动实践相结合,只有在长期的教育监督和影响下,才能形成新时代劳动观并养成良好的劳动习惯。

参考文献

[1] 有林,郑新立,拱桥.马克思的劳动价值理论[M].北京:经济科学出版社,1988.
[2] 陶行知.中国教育改造[M].北京:东方出版社,1996.
[3] 何东昌.中华人民共和国重要教育文献(1949—1975)[M].海南:海南出版社,1998.
[4] 何东昌.中华人民共和国重要教育文献(1998—2002)[M].海南:海南出版社,2003.
[5] 常卫国.劳动论:《马克思恩格斯全集》探义[M].沈阳:辽宁人民出版社,2005.
[6] 陈秉公.思想政治教育学原理[M].北京:高等教育出版社,2006.
[7] 张耀灿,等.思想政治教育学前沿[M].北京:人民出版社,2006.
[8] 张耀灿,等.现代思想政治教育学[M].北京:人民出版社,2006.
[9] 曹亚雄.马克思的劳动观的历史嬗变[M].北京:中国社会科学出版社,2008.
[10] 郭伶俐.当代西方劳动理论[M].北京:中国社会科学出版社,2011.
[11] 俞吾金.被遮蔽的马克思[M].北京:人民出版社,2012.
[12] 王江松.劳动哲学[M].北京:人民出版社.2012.
[13] 陈万柏,张耀灿.思想政治教育学原理(第三版)[M].北京:高等教育出版社,2015.
[14] 吴学东.马克思的劳动思想研究[M].北京:中国社会科学出版社,2018.
[15] 沈壮海,王晓霞,王丹,等.中国大学生思想政治教育发展报告2017[M].北京:北京师范大学出版社,2018.
[16] 刘向兵,等.新时代高校劳动教育论纲[M].北京:社会科学文献出版社,2019.
[17] 李珂.嬗变与审视:劳动教育的历史逻辑与现实重构[M].北京:社会科学文献出版社,2019.
[18] 袁国,徐颖,张功.新时代劳动教育教程[M].北京:航空工业出版社,2020.
[19] 徐国庆.劳动教育[M].北京:高等教育出版社,2020.
[20] 范晔.后汉书[M].河南:中州古籍出版社,1996.
[21] 黎翔凤.管子校注(下)[M].北京:中华书局,2004.
[22] 司马光.资治通鉴(四)[M].北京:中华书局,2007.
[23] 尚书[M].王世舜,王翠叶,译注.北京:中华书局,2012.

[24] 杨伯峻.孟子译注[M].北京：中华书局，2012.

[25] 郭丹，程小青，李彬源，译注.左传(中册)[M].北京：中华书局，2012.

[26] 方勇，李波，译注.荀子[M].北京：中华书局，2015.

[27] 方勇，译注.墨子[M].北京：中华书局，2015.

[28] 杨伯峻.论语译注[M].北京：中华书局，2017.

[29] 马卡连柯.论共产主义教育[M].刘长松，等译.北京：人民出版社，1981.

[30] 傅立叶.傅立叶选集(第3卷)[M].汪耀三，等译.北京：商务印书馆，1982.

[31] 苏霍姆林斯基.帕夫雷士中学[M].赵玛，王义巧，紫兴文，等译.北京：教育科学出版社，1983.

[32] 苏霍姆林斯基.关于全面发展教育的问题[M].王家驹，等译.长沙：湖南教育出版社，1984.

[33] 苏霍姆林斯基.论劳动教育[M].萧勇，杜殿坤，译.长沙：湖南教育出版社，1987.

[34] 苏霍姆林斯基.把整个心灵献给孩子们[M].李蔚霞，译.乌鲁木齐：新疆人民出版社，1989.

[35] 卢卡奇.关于社会存在的本体论(上卷)[M].白锡堃，张西平，李秋零，译.重庆：重庆出版社，1993.

[36] 马尔库塞.理性和革命——黑格尔和社会理论的兴起[M].程志民，等译.重庆：重庆出版社，1993.

[37] 卢卡奇.历史与阶级意识[M].杜章智，等译.北京：商务印书馆，1999.

[38] 苏霍姆林斯基.公民的诞生[M].黄之瑞，张佩珍，译.北京：教育科学出版社，2002.

[39] 卢梭.爱弥儿(上)[M].李平沤，译.北京：商务印书馆，2003.

[40] 哈贝马斯.现代性的哲学话语[M].曹卫东，译.南京：译林出版社，2004.

[41] 马卡连柯.马卡连柯教育文集(下)[M].北京：人民教育出版社，2004.

[42] 托马斯·莫尔.乌托邦[M].吴磊，编译.北京：人民日报出版社，2005.

[43] 鲍德里亚.生产之镜[M].仰海峰，译.北京：中央编译出版社，2005.

[44] 阿尔都塞.保卫马克思[M].顾良，译.北京：商务印书馆，2006.

[45] 马尔库塞.爱欲与文明——对弗洛伊德思想的哲学探讨[M].黄勇，等译.上海：上海译文出版社，2008.

[46] 汉娜·阿伦特.人的境况[M].王寅丽，译.上海：上海人民出版社，2009.

[47] 戴维·麦克莱伦.马克思传[M].王珍，译.北京：中国人民大学出版社，2010.

[48] 夸美纽斯.大教学论[M].傅任敢，译.北京：教育科学出版社，2011.

[49] 黑格尔.精神现象学(上)[M].贺麟，王玖兴，译.上海：上海人民出版社，2013.

[50] 黑格尔.法哲学原理[M].范杨，张企泰，译.北京：商务印书馆，2014.

[51] 柏拉图.理想国[M].顾寿观，译.长沙：岳麓书社，2018.

[52] 李拯. 全面小康的中心是人民[N]. 人民日报，2016-12-24.

[53] 本报评论员. 增强创新这个引领发展的第一动力[N]. 人民日报，2020-09-13.

[54] 赵寿元. "劳动"选择了人！[J]. 复旦学报（社会科学版），1981(1)：84-86.

[55] 史振东，罗斗明. 异化劳动和历史唯物主义的创立[J]. 北京师院学报，1981(3)：69-76.

[56] 朱祖霞. 论劳动与人类及其意识形成的关系[J]. 哲学研究，1982(7)：18-24.

[57] 邓晓芒. 劳动异化及其根源[J]. 中国社会科学，1983(3)：155-160.

[58] 薛德震，远志明. 人的需要与人的劳动[J]. 中国社会科学，1983(5)：53-64.

[59] 韩庆祥. 关于马克思异化劳动理论的几个问题[J]. 北京大学学报，1988(5)：68-76.

[60] 张维祥. 需要、劳动和人的本质[J]. 北京大学学报（哲学社会科学版），1993(1)：62-68.

[61] 葛明德. 劳动在人类起源中发生作用的新证据[J]. 北京大学学报，1996(3)：47-53.

[62] 章舜钦. 在新的历史条件下加强大学生劳动教育的必要性[J]. 建材高教理论与实践，1999(1)：56-57.

[63] 杨顺清. 大学生劳动教育的反思与对策[J]. 云南高教研究，1999(4)：33-35.

[64] 王德峰. 论异化劳动学说对于历史唯物主义的奠基意义[J]. 复旦学报，1999(5)：44-51，65-142.

[65] 晁乐红. 劳动教育在当代高校德育中的重要地位[J]. 黑龙江高教研究，2003(3)：149-151.

[66] 徐长福. 劳动的实践化和实践的生产化——从亚里士多德传统解读马克思的实践概念[J]. 学术研究，2003(11)：47-54.

[67] 严明. 对21世纪大学生劳动观教育的思考[J]. 中国高教研究，2003(11)：74-75.

[68] 唐正东. 马克思与"劳动崇拜"——兼评当代西方学界关于马克思劳动概念的两种代表性观点[J]. 南京社会科学，2005(4)：1-6.

[69] 黄济. 关于劳动教育的认识和建议[J]. 江苏教育学院学报（社会科学版），2004(5)：17-22.

[70] 张盾. 从异化劳动的批判到劳动本身的批判——评当代激进理论对马克思的一种误读[J]. 学术月刊，2005(6)：74-81.

[71] 鲁品越. 剩余劳动与唯物史观理论建构——走向统一的马克思主义理论体系[J]. 哲学研究，2005(10)：20-26，129.

[72] 刘惠. 邓小平教育与生产劳动相结合思想浅论[J]. 教育探索，2005(10)：6-7.

[73] 张小建，胡弼成. 学习的劳动观简论[J]. 复旦教育论坛，2006(5)：30-33.

[74] 张一兵. 马克思与劳动意识形态——鲍德里亚《生产之镜》的批判性解读[J]. 学习与探索，2007(2)：21-27.

[75] 周前程. 马克思的劳动观和他的共产主义思想[J]. 中共四川省委党校学报，2007(4)：21-23.

[76] 余治平.劳动：人之为人的存在方式——从现代性批判到后现代憧憬[J].天津社会科学,2007(6):4-10,68.

[77] 段忠桥.马克思的异化概念与历史唯物主义——兼与俞吾金教授商榷[J].江海学刊,2009(3):22-33.

[78] 杨曾宪.消除剥削是社会主义市场经济的本质要求——"价值学视域中的劳动价值论与剥削"系列研究之二[J].社会科学论坛,2009(5):24-45.

[79] 王文臣,武凌竹.马克思哲学劳动概念的当代争论及其意义[J].江苏社会科学,2010(4):40-45.

[80] 姚顺良.从"异化劳动"到"谋生劳动":青年马克思人本主义范式解构的开始[J].马克思主义研究,2010(7):128-134.

[81] 杨曾宪.解构马克思的资本有机构成理论[J].社会科学论坛,2010(20):11-16,26.

[82] 王金玉.马克思劳动概念的唯物史观解读[J].河海大学学报(哲学社会科学版),2011,13(4):1-4,89.

[83] 胡小伟.胡锦涛劳动观浅析[J].重庆教育学院学报,2011,24(4):47-49.

[84] 林峰.1844年经济学哲学手稿——异化劳动理论的重新解读[J].江汉论坛,2012(2):39-42.

[85] 王文臣.论马克思对黑格尔劳动观的现代性批判[J].北方论丛,2012(2):121-126.

[86] 李萍,王伟.生态价值:基于马克思劳动价值论的一个引申分析[J].学术月刊,2012,44(4):90-95.

[87] 杨红.深化对马克思劳动价值论认识的若干思考[J].河南社会科学,2012,20(7):31-34.

[88] 杨淑静.劳动:历史唯物主义的秘密[J].贵州社会科学,2012(10):15-18.

[89] 余静.唯物史观视野中的新型劳动及其现代意蕴[J].哲学研究,2012(11):27-31.

[90] 彭鸿雁.论历史唯物主义的劳动解放原理[J].社会科学学刊,2013(4):29-32.

[91] 周洪宇,鲍成中.第三次工业革命与人才培养模式变革[J].教育研究,2013,34(10):4-9,43.

[92] 仰海峰.劳动力成为商品意味着什么——关于《资本论》的经济学—哲学研究[J].中国高校社会科学,2015(2):9-20,156.

[93] 季爱民,蔡欢.马克思主义劳动观下的大学生劳动观调查分析[J].学校党建与思想教育,2015(3):75-77.

[94] 郑银凤,林伯海."90后"大学生劳动观教育目标确立的三个维度[J].学校党建与思想教育,2015(5):21-23.

[95] 郑银凤,林伯海.劳动认同视角下"90后"大学生敬业价值观的培育[J].思想教育研究,2015(5):55-58.

[96] 孙乐强.劳动与自由的辩证法：马克思历史观的哲学革命——兼论《资本论》对《政治经济学批判大纲》的超越与发展[J].哲学研究，2016(9)：11-18，128.

[97] 何云峰，罗超.简析李大钊的劳动幸福论[J].工会理论研究，2017(1)：4-9.

[98] 王金林.论马克思对黑格尔劳动概念之重构[J].哲学研究，2017(4)：3-11，128.

[99] 张一兵.非物质劳动与创造性剩余价值——奈格里和哈特的《帝国》解读[J].国外理论动态，2017(7)：35-48.

[100] 丁苏艳.马、恩劳动观视角下对地方高校大学生劳动观存在问题的冷思考[J].商业经济，2017(8)：39-41.

[101] 王代月.劳动辩证法：从黑格尔到马克思[J].哲学动态，2018(4)：46-51.

[102] 贺兰英.中国特色社会主义劳动精神的内涵[J].南方论刊，2018(5)：45-46，56.

[103] 庄西真.新时代 新挑战 新职教[J].教育与职业，2018(15)：5-9.

[104] 邓莉，施芳婷，彭正梅.全球竞争力教育指标国际比较及政策建议——基于世界经济论坛《2018年全球竞争力报告》数据[J].开放教育研究，2019，25(1)：13-24.

[105] 罗建文.论人民美好生活需要与社会主义劳动修复[J].湖南社会科学，2019(3)：16-24.

[106] 刘东菊，吴荣.论教育劳动的创新本质[J].上海师范大学学报，2019，48(4)：22-28.

[107] 裴文波，岳海洋，潘聪聪.高校大学生劳动教育的多维透视[J].学校党建与思想教育，2019(4)：87-89.

[108] 胡杨，王滨.新时代劳动观教育：价值指向、认识基础与逻辑理路[J].沈阳大学学报，2019，21(4)：460-463，474.

[109] 刘荣军，李书娜.马克思劳动解放思想的逻辑意蕴与历史展现[J].东南学术，2019(5)：80-86.

[110] 滕飞.论马克思生态观的美好生活意蕴及其当代价值[J].江苏行政学院学报，2019(6)：19-25.

[111] 吴韬.从非物质劳动到数字劳动：当代劳动的转型及其实质[J].国外社会科学前沿，2019(7)：4-13，83.

[112] 刘丽红，曲霞.论高校创新创业教育与劳动教育的同构共生[J].中国青年社会科学，2020，39(1)：103-109.

[113] 刘雨亭."美好生活论"与马克思劳动解放理论的中国样态[J].社会主义研究，2020(1)：37-44.

[114] 刘向兵，闻效仪，潘泰萍，等.中国劳动关系研究70年回顾与展望[J].中国劳动关系学院学报，2020，34(2)：1-10.

[115] 谢晓娟，李文俊.马克思共产主义收入分配思想的内涵及启示[J].沈阳师范大学学

报,2020,44(3):9-15.
- [116] 陶志勇.新时代劳动观理论探析[J].工会理论研究,2020(4):4-15.
- [117] 王洋.高校劳动教育现状与推进策略[J].沈阳师范大学学报,2020,44(4):103-108.
- [118] 张应强.新时代学校劳动教育的定性和定位[J].重庆高教研究,2020,8(4):5-10.
- [119] 王丽荣,卢惠璋.论新时代大学生劳动教育的价值意蕴[J].高教探索,2020(7):114-118.
- [120] 田鹏颖,刘康."劳模精神"融入高校思想政治教育的路径[J].学校党建与思想教育,2020(8):49-51.
- [121] 谢晓娟.从"四史"中汲取奋发前行的磅礴力量[J].红旗文稿,2020(19):38-40,1.
- [122] 黄燕.新时代劳动精神的生成逻辑、核心内涵与弘扬路径[J].思想理论教育,2019(1):97-100.
- [123] 郑银凤."90"后大学生劳动观教育研究[D].成都:西南交通大学,2016.
- [124] 夏雪.马克思劳动思想的历史解读[D].北京:中共中央党校,2016.
- [125] 李单晶.长征精神及其当代价值研究[D].成都:电子科技大学,2017.
- [126] 张颖.新时代大学生艰苦奋斗精神教育研究[D].长春:东北师范大学,2018.
- [127] 乔永刚.新时代中国大学生志愿服务精神动力培育研究[D].哈尔滨:哈尔滨师范大学,2019.
- [128] GORZ A.The Division of Labor[M].London:The Harvester Press,1978.
- [129] GORZ A.Ecology as Politics[M].Boston:South End Press,1980.
- [130] KNAFO S.Political Marxism and Value Theory:Bridging the Gap between Theory and History[J].Historical Materialism,2007,15(2):75-104.
- [131] HAUG W F.Historical-Critical Dictionary of Marxism Immaterial Labour[J].Historical Materialism,2009,17(4):177-185.
- [132] BARNES T.Marxism and Informal Labour[J].Journal of Australian Political Economy,2012(69):144-166.
- [133] SKLANSKY J.Marxism in the Age of Financial Crises[J].New Labor Forum,2012,21(3):49-56.

附　　录

附录一　新时代大学生劳动观培养调查问卷

亲爱的同学：

　　您好！

　　为了解大学生群体劳动观现状,引导大学生树立正确的劳动观,我们进行了本次问卷调查,诚挚地邀请您填答问卷。问卷采取匿名答题的方式进行作答,所有数据均用于统计研究,作答不涉及对错,将严格遵守相关法律,对您的作答我们将予以保密。请您抽出宝贵时间如实作答,由衷感谢您对本次调查研究的大力支持！

2020 年 8 月 29 日

第一部分　个人基本资料(A)。请根据自己实际情况,做出相应选择

A1. 您的性别是：
(1)男　(2)女

A2. 您的年级：
(1)大一　(2)大二　(3)大三　(4)大四

A3. 您的专业门类：
(1)文科　(2)理科

A4. 您就读学校属于：
(1)本科　(2)高职高专

第二部分　劳动观现状(B)。请根据实际情况,做出相应选择

B1. 劳动创造了人和人类社会(单选)
(1)非常认同　(2)比较认同　(3)中立　(4)不太认同　(5)非常不认同

B2. 劳动是财富的源泉(单选)

(1)非常认同　(2)比较认同　(3)中立　(4)不太认同　(5)非常不认同

B3. 劳动是幸福的源泉(单选)

(1)非常认同　(2)比较认同　(3)中立　(4)不太认同　(5)非常不认同

B4. 劳动可以实现人类的解放,促进人的自由全面的发展(单选)

(1)非常认同　(2)比较认同　(3)中立　(4)不太认同　(5)非常不认同

B5. 劳动最光荣、劳动最崇高、劳动最伟大、劳动最美丽(单选)

(1)非常认同　(2)比较认同　(3)中立　(4)不太认同　(5)非常不认同

B6. 劳动主要是为了(单选)

(1)赚钱　(2)促进自身发展

B7. 职业只有分工不同,没有贵贱之分,每一个劳动者都应当被尊重(单选)

(1)非常认同　(2)比较认同　(3)中立　(4)不太认同　(5)非常不认同

B8. 人生在勤,不索何获(人生要积极努力,不积极探索,哪会有成功)(单选)

(1)非常认同　(2)比较认同　(3)中立　(4)不太认同　(5)非常不认同

B9. 家务劳动耽误学习(单选)

(1)非常认同　(2)比较认同　(3)中立　(4)不太认同　(5)非常不认同

B10. 不劳而获是可耻的(单选)

(1)非常认同　(2)比较认同　(3)中立　(4)不太认同　(5)非常不认同

B11. 劳心者治人,劳力者治于人(单选)

(1)非常认同　(2)比较认同　(3)中立　(4)不太认同　(5)非常不认同

B12. 没有找到理想工作,有一份以体力为主的普通岗位,我也愿意去工作(单选)

(1)非常认同　(2)比较认同　(3)中立　(4)不太认同　(5)非常不认同

B13. 一粥一饭当思来之不易,半丝半缕恒念物力维艰(单选)

(1)非常认同　(2)比较认同　(3)中立　(4)不太认同　(5)非常不认同

B14. 现在已经实现小康社会了,不需要弘扬艰苦奋斗精神了(单选)

(1)非常认同　(2)比较认同　(3)中立　(4)不太认同　(5)非常不认同

B15. 创新是引领发展的第一动力(单选)

(1)非常认同　(2)比较认同　(3)中立　(4)不太认同　(5)非常不认同

B16. 经常在学习和工作中运用新方法、新思路(单选)

(1)非常认同　(2)比较认同　(3)中立　(4)不太认同　(5)非常不认同

B17. 您参加过创新创业实践活动吗？(单选)

(1)是　(2)否

B18. 愿意参加力所能及的公益活动(扶贫、支教、心理咨询、保护环境等)(单选)

(1)非常认同　(2)比较认同　(3)中立　(4)不太认同　(5)非常不认同

B19. 当有偿劳动和公益劳动发生冲突时,放弃有偿劳动去做公益劳动(单选)

(1)非常认同　(2)比较认同　(3)中立　(4)不太认同　(5)非常不认同

B20. 您愿意在工作中践行劳模精神和工匠精神吗?(单选)

(1)非常认同　(2)比较认同　(3)中立　(4)不太认同　(5)非常不认同

B21. 您相信付出与回报成正比吗?(单选)

(1)非常认同　(2)比较认同　(3)中立　(4)不太认同　(5)非常不认同

B22. 您是否同意给偷税漏税明星一次复出的机会?(单选)

(1)非常认同　(2)比较认同　(3)中立　(4)不太认同　(5)非常不认同

B23. 劳动过程中应自觉遵守法律关于劳动的权利与义务的规定(单选)

(1)非常认同　(2)比较认同　(3)中立　(4)不太认同　(5)非常不认同

B24. 是否了解《劳动法》、《劳动合同法》等与劳动相关的法律法规?(单选)

(1)非常了解　(2)比较了解　(3)说不准　(4)不太了解　(5)非常不了解

B25. 您是否赞同"人定胜天"改造自然的说法?(单选)

(1)非常认同　(2)比较认同　(3)中立　(4)不太认同　(5)非常不认同

B26. 寒暑假,您在家中的每天的劳动(主要是家务劳动、农活等体力劳动)时长?(单选)

(1)不做　(2)10 分钟以内　(3)10~30 分钟　(4)30~60 分钟

(5)60~120 分钟　(6)120 分钟以上

B27. 在校期间如何处理穿过的脏衣服(单选)

(1)自己手洗　(2)付费洗衣机洗　(3)攒着带回家让父母洗　(4)不洗扔掉　(5)其他

B28. 在校期间如果发现寝室较脏乱,又没轮到你负责值日,你会(单选)

(1)抱怨　(2)视而不见　(3)提醒值日同学打扫　(4)邀请同学一起打扫

(5)自己主动打扫

第三部分　劳动观培养现状及其影响因素(C)。请根据实际情况,做出相应选择

C1. 您的学校是否开设劳动教育必修课程(单选)

(1)是　(2)否

C2. (C1 选 1 的同学作答)是否有关于劳动理论教育方面的教材?(单选)

(1)是　(2)否

C3. 哪些教师讲解过关于劳动理论教育内容?(多选)

(1)思政课教师　(2)专业课教师　(3)辅导员、班主任　(4)其他

C4. 在哪种场合老师讲解过劳动观相关知识?(劳动价值、劳动道德、劳动精神、创新劳动、劳动态度、马克思主义劳动观等)(多选)

(1)劳动周　(2)思想政治理论课教学　(3)专业课渗透　(4)社会实践

(5)就业、创业课　(6)志愿服务　(7)其他

C5. 您认为谁最能影响您对劳动的认识(多选)
(1)辅导员　　(2)班主任　　(3)思想政治课教师　　(4)专业课教师
(5)学校管理人员　　(6)父母　　(7)其他

C6. 您认为收入差距过大会影响您对"以辛勤劳动为荣"的看法吗？（单选）
(1)非常认同　　(2)比较认同　　(3)中立　　(4)不太认同　　(5)非常不认同

附录二　新时代大学生劳动观培养调查对象基本情况统计表

项目	类别	计数	占比/%
性别	男	1709	48.43
	女	1820	51.57
	总计	3529	100
年级	大一	887	25.13
	大二	856	24.26
	大三	933	26.44
	大四	853	24.17
	总计	3529	100
专业	文科	1498	42.45
	理科	2031	57.55
	总计	3529	100
学校类别	本科	1980	56.11
	高职高专	1549	43.89
	总计	3529	100

后　　记

　　本书脱胎于我的博士论文。读博期间，选择一个合适的研究方向和题目对我个人而言是非常关键的一个抉择，记得当时翻阅了大量关于思想政治教育的资料，结合自己这些年的求学经历，拟定了一些题目，让导师帮忙参考。导师认真地看了我的选题，认为我的选题虽然可以作为博士论文的题目，但是不够贴近我的工作，建议我再思考一下有没有更好的题目。大概2018年6月，再次去见导师的时候，我依然没有想出更适合写作的题目，这时导师向我建议可以选择关于劳动教育方面的题目，并且指出劳动教育的重要性以及可研究性，最为关键的是贴近我的实际工作。导师的建议使我茅塞顿开，最终确定了我的博士论文题目——新时代大学生劳动观培养研究。

　　当我开始研究大学生劳动观的相关问题时，我发现这个选题不仅涉及深刻的哲学问题，也紧跟时代热点，是一个特别有意义的研究。在许多古今中外哲学家的眼中，劳动不仅创造了人类，而且是人的本质。马克思关于劳动的思想从科学的角度阐述了劳动对人的重要价值，人类起源于劳动，劳动推动人类社会的进步，并且在人类解放的过程中也起着重要的作用，人类自由自觉的劳动成为了人类社会解放的标志。随着时代的发展，劳动的内涵和外延也在不断发生着变化，但劳动的重要价值和地位始终没有变，劳动始终是人类发展的基石和归宿。改革开放以来，中国特色社会主义的持续发展需要全体人民特别是广大青年大学生勤奋劳动、创新劳动。我国一向重视劳动教育，特别是党的十八大以来，针对当前大学生存在的不会劳动、不愿意劳动的现象，众多专家学者也提出了许多宝贵的建议。因此，面对这样一个选题，我深感知识储备不足，于是我广泛地查找资料，关注国家对劳动教育方面的重要政策和文件，在导师的悉心指导下，终于在2021年5月完成了论文的写作，并最终顺利通过博士论文的答辩，研究就此告一段落。博士毕业不代表这一研究方向的结束，相反，我在工作过程中越发感觉大学生劳动观的培养越来越重要，尤其在当前社会高速发展、人工智能快速发展、自媒体不断发展的时代，许多新的技术和社会现象深刻地影响着当代中国大学生的劳动观。如何帮助大学生树立正确的劳动观，是研究劳动观教育的人的责任。因此，我在博士论文研究的基础上，时隔两年重新对当前大学生劳动观做了问卷调查和实地调研，重新整理集结成书，希望对大学生劳动观培养研究起到一定的促进作用。

吃水不忘挖井人,圆梦不忘帮扶人,本书的成型得益于许多人的帮助,借此机会,我要诚挚地感谢那些曾经帮助过我的人,你们的鼓励和帮助是我前进的动力。

　　首先,我要感谢我的导师谢晓娟教授。有幸拜在谢晓娟教授门下,这不仅是我学术生涯的一大幸事,也是我人生中的一大幸事。在我博士论文写作的过程中,谢老师常常在百忙之中牵挂着我的论文写作,从选题、开题、预答辩、答辩的每一个环节,她都不厌其烦地提醒与鼓励,很少批评,她懂得为师之道,心怀仁爱之心,帮助学生不断成长。可以说没有谢老师的帮助,我不可能如此顺利的毕业,也不可能有这本书的出版。借此机会,我想诚挚地表达对谢老师的感激之情,感谢老师的谆谆教诲与培育之恩,祝老师身体健康,桃李满天下。

　　其次,我要感谢曾经给予我帮助的老师和同学。感谢曾经帮助和教导过我的老师,他们对我的论文提出了宝贵的指导意见,使我受益匪浅。此外,我还要特别感谢我本科辅导员冯景波老师,自 2003 年与冯老师相识以来,他一直在帮助我、鼓励我,从读书到工作都得到了冯老师全方位的关心与帮助。同时,本书借助了大量专家学者的研究成果,这些研究成果为我提供了宝贵的研究资源,也拓展了我研究的广度和深度,在此一并谢过。

　　最后,我要感谢我的母亲。母亲文化程度并不高,她并不了解我所研究的内容,但她始终在背后默默地支持我。由于工作较忙,很多时候,我只有在工作之余才开始写作,母亲把饭做好,常常一等就是一两个小时,然后等我回家再帮我热饭菜。为了帮我节省时间,年迈的她自己去看病,甚至减少了回农村老家的次数。母亲的付出是不求回报的,我将永远铭记这份爱,并将继续努力,不负所有关爱我的人的期望。

李文俊
2023 年 7 月 31 日